Relazioni e strutturà professionale

Helena Pires

Relazione sull'attività professionale

nel campo dell'educazione ambientale

ScienciaScripts

This book is a translation from the original published under ISBN 978-620-2-19363-4.

Publisher:
Sciencia Scripts
is a trademark of
Dodo Books Indian Ocean Ltd. and OmniScriptum S.R.L publishing group

120 High Road, East Finchley, London, N2 9ED, United Kingdom
Str. Armeneasca 28/1, office 1, Chisinau MD-2012, Republic of Moldova, Europe

ISBN: 978-620-7-28278-4

Indice

Grazie

A mio marito, Filipe, per la sua pazienza. A tutta la famiglia per la collaborazione.

A mia cognata, amica e collega, Fàtima Faria, per il suo inestimabile sostegno e amicizia, essendo stata il "motore ecologico", con tanto di telecomando, nei momenti più difficili! Anche a mio cognato, Luis Amorim, per il suo sostegno.

Al team della Scuola Alvaro Velho, compresi tutti i miei colleghi, il personale e la direzione. Grazie a Teodósio Faria, Rui Sequeira, Margarida Encarnaçao, Isabel Martins, Ana Dias, Menas, Carlos Moucho, Ana Ventura, Pedro Marques, Alice Figueira, Rui Santos, Carla Cardoso, Clàudia Martins, Sónia Correia e, anche se non è più con noi, a Pedro Silva, che sarà sempre parte del ricordo di questa squadra per la persona che era!

Alle associazioni e ONG: RNET, ASPEA, SPEA, CMB, Salinas do Samouco, Centro Ambiental da Mata da Machada e Sapal do rio Coina, per la loro collaborazione con il nostro lavoro scolastico.

A Helena Silva, ingegnere, per aver condiviso la sua vasta conoscenza di RNET.

Ad André Batista per il suo impegno nell'educazione ambientale.

Ai miei amici e cugini più cari, Marta, Rui, André e Joana.

Al mio supervisore, Isabel Mina, per la sua disponibilità e i suoi consigli sempre pertinenti.

A tutti i miei studenti, per la loro motivazione e il loro coinvolgimento e per i quali sarò sempre disponibile.

Sintesi

Questo rapporto sull'attività professionale rafforza l'importanza della formazione continua degli insegnanti, che valorizza l'acquisizione di conoscenze, competenze e pratiche didattiche in una varietà di contesti professionali.

L'estuario del fiume Tago, per la sua importanza ecologica, geografica, storica e culturale, è servito come tema per avvertire che le sfide di preservare e conservare le zone umide e la maggior parte degli ecosistemi sono sempre più grandi. Il primo capitolo fornisce una breve descrizione di questo tema.

Per secoli l'uomo ha causato i problemi ambientali che la società moderna si trova ad affrontare oggi. È urgente un cambiamento di comportamento e di atteggiamento che possa porre rimedio a questi problemi e permetterci di vivere su un pianeta sostenibile. L'inquinamento, l'estinzione delle specie a cui stiamo assistendo, lo spreco di energia e il cambiamento climatico sono le preoccupazioni di enti politici locali e globali, organizzazioni, associazioni e scuole. Insieme dobbiamo contribuire all'educazione ambientale e alla cittadinanza dell'intera società.

A scuola, contribuire alla sensibilizzazione e all'educazione ambientale degli studenti significa coinvolgerli in progetti che prevedono un contatto diretto con la natura e un legame emotivo con i luoghi oggetto di studio. Nel percorso professionale descritto nel secondo capitolo di questa relazione, contribuisco a formare studenti proattivi a favore di un futuro sostenibile.

Parole chiave: Estuario, Tago, Educazione ambientale, Sostenibilità

"Tu sei un fiume pieno di acqua trasportata, e dai la direzione alla fregata che ho scelto... " Pedro Barroso

Introduzione generale

Questa relazione rivela l'esperienza professionale di diciotto anni di insegnamento delle scienze nelle scuole primarie e secondarie, con particolare attenzione all'estuario del fiume Tago. Il documento affronta le strategie di educazione ambientale e una riflessione sull'importanza della formazione continua degli insegnanti nella pratica didattica, che è la ragione di questo master.

Il primo capitolo introduce uno dei più grandi estuari dell'Europa occidentale incluso nell'elenco dei siti della Convenzione di Ramsar. In base a questo trattato intergovernativo, l'estuario del Tago è classificato come zona umida di importanza internazionale ed è la più grande area umida della penisola iberica (Neves, 2010). Il secondo capitolo presenta una riflessione sull'attività professionale, sulle attività di formazione svolte e sui progetti sviluppati nel corso della carriera professionale, con la pratica dell'educazione ambientale sempre presente nell'attività didattica. L'approccio all'educazione ambientale nell'insegnamento delle scienze è sempre interdisciplinare, indagando le numerose attività che evidenziano la vicinanza dell'uomo a questo estuario.

Il tema risponde al mio personale interesse per l'ambiente e alla necessità di fornire agli studenti una conoscenza più approfondita del territorio in cui vivono. È urgente ridurre al minimo alcuni degli errori ambientali commessi dall'uomo e ridurre l'eccesso di rifiuti prodotti in molte comunità. La sensibilizzazione agli atteggiamenti ecologici come modo per ridurre l'"impronta ecologica" contribuirà alla conservazione del pianeta attraverso un uso più sostenibile delle sue risorse. La trasmissione di questi valori agli alunni della scuola primaria e secondaria raggiungerà le loro famiglie, contribuendo alla promozione di una società più consapevole della necessità di preservare e rispettare la natura.

La scelta dell'estuario del Tago come tema di questo lavoro è dovuta essenzialmente a due motivi: 1) la vicinanza della Scuola Primaria Alvaro Velho 2,3 alla Riserva Naturale dell'Estuario del Tago (RNET), che comprende una Zona di Protezione Speciale (ZPS). La biodiversità che caratterizza questa regione può essere studiata *in loco,* grazie alla facilità degli spostamenti, rendendo così possibile l'approfondimento di un'ampia varietà di contenuti che vengono insegnati nella materia Scienze Naturali nelle classi settima e ottava; 2) la storia del rapporto tra il Tago e l'uomo, punto di partenza per le scoperte portoghesi, che oggi rimane una porta da e verso il mondo. Questo tema consente un approccio interdisciplinare, combinando le scienze con altre materie e offrendo agli studenti una visione del passato e del presente che permetterà loro di riflettere sul futuro, che sarà costruito da tutti noi!

L'estuario del Tago è sempre stato un "bene" per le sue città, che non sempre hanno saputo sfruttarlo al meglio. Oltre alla pesca, alla coltivazione del sale, alla navigabilità e ai trasporti, alla coltivazione delle sue fertili sponde, è stato anche fonte di ispirazione per scrittori e poeti come Camoes, Fernando Pessoa e Alves Redol. Quest'ultimo, nella sua opera *Avieiros, ha* definito i pescatori "zingari del Tago" e Soeiro Pereira, nel suo romanzo *Esteiros,* descrive il lavoro minorile nelle tegole lungo il fiume. Nel corso del tempo, il fiume Tago ha subito importanti cambiamenti, causati essenzialmente dall'impatto antropico su entrambe le sponde. Sulla sponda sud, si nota la conservazione dei comuni coperti da aree protette come Riserve Naturali, Zone di Protezione Speciale e Siti di Importanza Comunitaria, in contrasto con i comuni che non godono di alcuna protezione.

Gli obiettivi di consumo sostenibile per il millennio mirano a garantire i bisogni primari, a preservare e rafforzare le risorse naturali del nostro pianeta, a garantire una buona qualità di vita e il benessere di tutti. Questi temi devono essere affrontati a scuola, come sostiene *Munasinghe, premio* Nobel per la pace nel 2007. Non possiamo aspettarci che tutti i cambiamenti siano di esclusiva responsabilità degli organi di governo e ogni passo compiuto verso l'educazione ambientale dei nostri bambini e giovani sarà importante per raggiungere gli obiettivi desiderati.

Nell'area geografica della Escola Bàsica 2,3 de Alvaro Velho, l'industrializzazione della parrocchia di Lavradio ha impedito alle giovani generazioni di godere del fiume. L'inquinamento e l'urbanizzazione hanno distrutto i banchi di ostriche, riempito le paludi salmastre e ridotto la flora e la fauna di questa parte dell'estuario. Oggi la maggior parte delle fabbriche è chiusa. Le nuove strutture stradali hanno rilanciato la speculazione immobiliare nella regione, nonostante le esigenze di vita impongano "nuove" regole alla pianificazione e allo sviluppo locale e regionale. Il rapporto tra tutta la riva sud (e Lavradio) e il Tago è diventato oggi una questione politico-culturale di estrema importanza.

In questo contesto, gli studenti sono portati a riconoscere l'importanza di una zona umida locale - l'estuario del Tago - con un approccio interdisciplinare, in modo da poter comprendere più facilmente questioni ambientali più ampie. La comprensione di queste problematiche dovrebbe portare a un cambiamento delle abitudini consumistiche in atteggiamenti ecologici, in linea con il progetto educativo della scuola: "Cittadinanza e sviluppo sostenibile, pensare globale, agire locale".

Con radici nel nord di Tràs-os-Montes e nell'Alto Douro, credo che la mia attività professionale, svolta in varie parti del Paese, mi abbia dato una vasta conoscenza regionale e culturale delle diverse località che ho attraversato. È nell'estuario del Tago che mi sono stabilito, da qui la necessità di conoscerlo meglio. Ho approfondito le mie conoscenze partecipando a sessioni di formazione e facendo ricerche sia sul campo (*in loco*) che in bibliografia. Continuare ad approfondire con i miei studenti sarà una risorsa.

Capitolo 1: L'estuario del Tago

1. Introduzione

La promozione dell'educazione ambientale per la sostenibilità nei sistemi di istruzione prescolare, primaria e secondaria è in linea con le linee guida della dichiarazione del Decennio delle Nazioni Unite per l'educazione allo sviluppo sostenibile (2005-2015). Per l'ONU/UNESCO, si basa sulla visione di un mondo in cui tutti abbiano l'opportunità di accedere all'istruzione e di acquisire, oltre alle conoscenze scientifiche, valori che favoriscano pratiche sociali, economiche e politiche che contribuiscano a un futuro che renda i bisogni umani compatibili con l'uso sostenibile delle risorse, implicando una trasformazione positiva della società.

In questo secolo dominato dalla globalizzazione e dall'informazione, assistiamo a tensioni permanenti tra globale e locale, universale e individuale, tradizione e modernità, competizione e pari opportunità, tra sviluppo sostenibile e sperpero di risorse, ricchezza e povertà. Il Decennio della Biodiversità (2011-2020) è stato proclamato dalle Nazioni Unite affinché l'umanità possa vivere in armonia con la natura e gestire con prudenza le sue ricchezze.

Un processo decisionale politico globale più consapevole è essenziale e urgente. Se tutti contribuiamo con piccole misure, queste faranno la differenza. Le autorità locali e le scuole devono acquisire la forza di implementare l'educazione ambientale tra tutti i cittadini, con l'obiettivo di creare cittadini più proattivi.

Per promuovere l'educazione ambientale nella scuola primaria Alvaro Velho 2,3, è stato scelto come tema centrale l'estuario del Tago. Nel corso dei secoli, ha servito gli esseri viventi e l'umanità in modi diversi. Questo lavoro mira a "portarlo" in classe per esplorarlo con gli studenti in modo interdisciplinare. Nell'ambito della materia Scienze Naturali, il tema viene esplorato nel contesto delle dinamiche degli ecosistemi e della sostenibilità della Terra, insegnate nel settimo e ottavo anno di scuola.

Nonostante i numerosi riferimenti ad altri comuni, lo studio si concentra sulla sponda sud, ovvero Barreiro e la parrocchia di Lavradio, dove si trova la scuola. Inoltre, il comune di Alcochete, poiché le "Salinas do Samouco" sono il luogo di destinazione del nostro progetto: "Le saline vengono a scuola". Tra le regioni che circondano l'estuario, Barreiro è quella più urbanizzata, mentre Alcochete è quella che è riuscita a preservare di più dall'azione dell'uomo, grazie al fatto che è coperta da aree protette come la Riserva Naturale dell'Estuario del Tago (RNET), la Zona di Protezione Speciale (ZPS) e il Sito di Importanza Comunitaria (SIC).

La Escola Bàsica 2,3 de Alvaro Velho, a Lavradio, è stata construita in un'area dove un tempo si trovavano enormi saline. Oggi non ci sono saline attive nel comune. Barreiro è stata una delle città che ha subito le maggiori trasformazioni nel tempo ed è stata una delle zone più urbanizzate. Ai tempi della monarchia, la riva sud era un luogo di villeggiatura preferito grazie alla sua "aria", considerata una delle più salubri della regione. Dopo il grande sviluppo industriale e la costruzione della Companhia da Uniao Fabril (CUF), questo scenario ha subito grandi cambiamenti.

L'ambiente deve essere tenuto in considerazione da tutti i cittadini, dalle autorità politiche, dalle associazioni di difesa, dalle organizzazioni non governative (ONG) e dalle autorità locali, che svolgono un ruolo di primo piano nel processo decisionale e nella sensibilizzazione ambientale. Il Consiglio comunale di Barreiro (CMB) e il Centro ambientale di Mata da Machada e Sapal do Rio Coina dimostrano grande impegno e preoccupazione per il miglioramento della qualità ambientale della città. Il CMB lavora attivamente per sensibilizzare il pubblico in generale con attività gratuite e sostiene le scuole che lavorano in questo campo. Nell'ottobre 2012 è stata creata la Reserva Natural Local do Sapal do Rio Coina e Mata da Machada, per promuovere e proteggere i valori della biodiversità locale. Per secoli, il suo legno ha alimentato le fornaci di calce, vetro e ceramica e i cantieri navali della zona.

La creazione del club "Amici della Natura" nel 2013 ha permesso un approccio trasversale all'importanza dell'estuario del Tago e allo studio e alla comprensione dei cambiamenti ambientali nel tempo. Le uscite sul campo promosse in questo contesto hanno permesso di collegare i contenuti curricolari con l'ambiente in una combinazione di componenti cognitive e affettive dell'apprendimento, consentendo agli studenti di passare da concetti semplici a concetti complessi, all'esperienza diretta con fenomeni e materiali concreti e alla capacità di svolgere attività pratiche per costruire e applicare *hands on* i concetti. Inoltre, ha permesso agli studenti di condurre brevi indagini e discussioni in piccoli gruppi utilizzando l'osservazione, creando un ambiente di apprendimento.

"Gli estuari sono essenziali per i processi ecologici che sostengono la vita".

Strategia di conservazione globale

2. L'estuario del Tago

I fiumi sono corsi d'acqua naturali che sfociano in altri fiumi, laghi o mare. Possono avere caratteristiche diverse a seconda del loro ambiente geologico e climatico e le loro comunità biologiche variano lungo il loro profilo longitudinale, dalla sorgente alla foce. Hanno un elevato valore economico, poiché sostengono molte attività umane, come l'agricoltura, la produzione di elettricità, la pesca e il turismo.

Un estuario è una zona umida in cui si incontrano, si mescolano e si interconnettono due ambienti acquatici diversi: l'acqua dolce e l'acqua salata. La maggior parte degli estuari è dominata dalla presenza di un substrato fangoso che deriva dalle particelle colloidali fini che il fiume, al suo termine, trasporta in sospensione nell'acqua. La miscelazione di queste particelle con le acque saline di origine marina ne provoca l'aggregazione elettrolitica e la flocculazione, per poi depositarsi gradualmente sul fondo dell'estuario. Questa deposizione di sostanze dà origine a campi di fango più o meno estesi (Dias, 1999).

Questo ecosistema ha un'elevata produttività biologica dovuta all'abbondanza di nutrienti, che si traduce in una comunità diversificata di produttori. Tuttavia, gli esseri viventi che lo abitano sono soggetti a forti *stress* ambientali dovuti alle variazioni di fattori abiotici come salinità, temperatura, idrodinamica, ossigeno disciolto e torbidità dell'acqua.

La costa portoghese presenta un gran numero di sistemi estuarini con dimensioni e caratteristiche diverse. Gli estuari, zone umide per eccellenza, fanno parte del patrimonio naturale del Paese e rappresentano una ricchezza per il Paese.

Secondo Mc Lusky (1989) gli estuari possono essere classificati in tre tipi in base al loro bilancio idrologico complessivo: (I) positivo, quando il prisma della marea di piena è inferiore a quello della marea di riflusso; (II) neutro, quando il flusso fluviale è dello stesso ordine di grandezza delle perdite idriche e (III) negativo, quando, al contrario, il prisma della marea di piena è superiore a quello della marea di riflusso.

La salinità è uno dei principali fattori che condizionano l'ecologia degli estuari. Adam (1990) ne rappresenta schematicamente tre tipi, riportati nella Tabella 1: cuneo salino, parzialmente stratificato e verticalmente omogeneo.

Tabella 1 - Distribuzione della salinità e delle correnti nei tre tipi di estuario (adattata da Dias, 1999)

IN SPOSI SALATI	EM CUNHA SALINA	
	Estuari con una corrente di acqua salata sul fondo e una di acqua dolce in superficie.	
Parzialmente STRATIFICATO	PARCIALMENTE ESTRATIFICADO	
	Estuari con un gradiente salino verticale tra lo strato superficiale e quello inferiore che presentano direzioni opposte del flusso di corrente.	

8

MISTO O	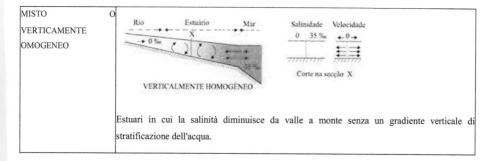
VERTICAMENTE OMOGENEO	Estuari in cui la salinità diminuisce da valle a monte senza un gradiente verticale di stratificazione dell'acqua.

Il Tago nasce in Spagna, tra i monti Albarracin, a circa 1.800 metri di altitudine, e scorre per circa 1.070 km fino a raggiungere la sua zona estuariale, per oltre due terzi in territorio spagnolo. Dopo essere entrato in territorio nazionale, alle porte di Vila Velha de Rodão, il Tago passa attraverso due dighe (Fratel e Belver) e, confluendo nella Zèzere a Constância, aumenta notevolmente la sua portata grazie all'acqua proveniente dal massiccio dell'Estrela. Man mano che il fiume procede verso la foce, attraversa terreni con una pendenza molto bassa che può essere facilmente risalita quando la portata aumenta, permettendo all'acqua di diffondersi sui campi, sfruttando le fecce e alimentando la loro formazione. Sfocia poi in un massiccio calcareo di Estremadura che alimenta con le sue acque il fiume Tago (Chitas, 2012). Queste acque raggiungono l'estuario insieme a quelle del fiume Sorraia.

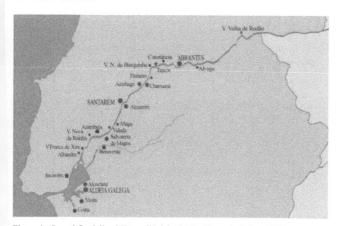

Figura 1 - I porti fluviali sul Tago all'inizio del XVII secolo (Dias, 1999).

I principali affluenti del Tago in Portogallo sono: a) sulla riva destra: i fiumi Erges, Aravil, Ponsul, Ocreza, Zêzere, Almonda, Alviela, Maior, Trancao e il fosso Azambuja, i torrenti Ota e Alenquer; b) sulla riva sinistra: i fiumi Sever, Sorraia, Almansor e i torrenti Nisa, Figueiró, Alpiarça o Ulme, Muge e Magos (Figura 1).

"Fin dall'antichità, il fiume Tago è stato la principale via di accesso alla Penisola Iberica e il suo estuario ha assunto per secoli lo splendore e l'importanza di una navigazione attiva e dinamica come il modo migliore per trasportare persone e merci. L'estuario del Tago non separava, ma univa le due sponde attraverso un traffico fluviale intenso e permanente, destinato ad aumentare con il sostegno alle flotte di scoperta. Per anni è stato la principale porta di accesso a Lisbona, un luogo di incontro tra popoli, culture e civiltà diverse. Un posto di rilievo nella nostra storia navale, l'estuario mantenne un legame stretto, profondo e dinamico con Lisbona" (Dias, 1999).

L'estuario del Tago è il più grande del Portogallo, con una superficie di 325 km^2 , ed è considerato positivo e parzialmente stratificato (Tabella 1). Il suo bacino idrografico ha un orientamento dominante est-ovest e copre un'area di 80.630 km^2 , di cui 55.769 km^2 si trovano in territorio spagnolo e il resto in Portogallo (Figura 2). È un estuario mesotidale, cioè con un'escursione media di marea di circa quattro metri. La salinità varia in percentuale da 0 ‰, 50 km a monte della foce, a circa 37 ‰ alla foce dell'estuario. La temperatura dell'acqua varia da 8°C a 26°C (Neves, 2010). Le principali caratteristiche fisiche del fiume Tago e dell'estuario sono riassunte nella Tabella 2.

Figura 2 - Bacino del fiume Tago (Dias, 1999).

Tabella 2 - Principali caratteristiche fisiche del fiume Tago e dell'estuario (Dias, 1999).

Rio	Precipitazioni	Precipitazioni medie annue nel bacino	700 mm
	Dimensioni	Lunghezza	1.070 chilometri
	Portata	Interannuale	400 m^3 /s
		Gama	da 100 a ≥ 2000 m^3 /s
Studio	Dimensioni	Area totale dell'estuario	325 chilometri^2
		Lunghezza dell'estuario	50 chilometri
		Area intertidale	136 chilometri^2
		Larghezza massima	15.160 m
		Larghezza media	4.040 m
		Volume medio totale (NM)	1.890×10^6 m^3
	Profondità	Profondità massima (idraulica)	32 m

		Profondità media (idraulica)	10.6 m
		Prisma di marea medio	$600 \times 10^6 \, m^3$
	Altre caratteristiche	Escursione di marea	Da 6 a 20 chilometri
		Tempo di permanenza *dell'acqua* dolce	Da 8 a 50 giorni
		Afflusso di sedimenti fluviali	Da 1 a 5×10^6 Ton/anno

Alla fine del Terziario e all'inizio del Quaternario, l'estuario del Tago era probabilmente poco profondo e paludoso, formando un sistema deltizio intervallato da numerosi canali (Dias, 1999). I movimenti tettonici crostali e le oscillazioni del livello del mare furono all'origine della complessa evoluzione dell'area del Basso Tago e del suo estuario. Circa 80 milioni di anni fa, con la fine dei grandi eventi vulcanici che hanno avuto luogo nella regione di Lisbona/Mafra. A partire da quel momento, il bacino del Tago iniziò a sprofondare lungo una faglia importante (la Faglia del Tago), che determinò il corso del fiume e fu la causa principale della marcata differenza di rilievo tra le sue sponde. Oggi è ben visibile la maggiore elevazione della riva destra rispetto a quella sinistra, che è molto più frastagliata. È su questa sponda che i campi alluvionali costituiscono la fertilità del Ribatejo. Con il progressivo abbassamento del letto dell'estuario, si è formato un ampio bacino per ricevere l'acqua e i sedimenti portati dalle zone a monte (ciottoli di granito, scisto, quarzite, tra gli altri). Ogni volta che il livello dell'acqua si alzava, l'intera area del bacino del Tago si trasformava in un vasto golfo marino dove crescevano i coralli e dove si potevano trovare squali, tartarughe, cetacei e pesci tropicali. Nei periodi in cui il mare si ritirava, si formava una pianura alluvionale paludosa, con vasti laghi abitati da coccodrilli. Nelle pianure vivevano rinoceronti, mastodonti, cavalli primitivi e altri.

Con l'ultimo ritiro del mare nel periodo glaciale Würm, l'intero bacino del Tago fu ricoperto da grandi dune. Molte aree sono state coltivate nel corso dei secoli, dai Romani ai giorni nostri, sfruttando i terreni fertili che hanno sempre caratterizzato questa regione.

Negli ultimi milioni di anni, quest'area ha subito importanti cambiamenti climatici, da tropicale a desertico a temperato freddo. Queste variazioni hanno influenzato la diversità di animali e piante.

Attualmente, l'estuario del Tago può essere suddiviso in tre unità geomorfologiche distinte: il Mar da Palha, il Canale di Barra e la Riva Sud Stearns (Figura 3).

11

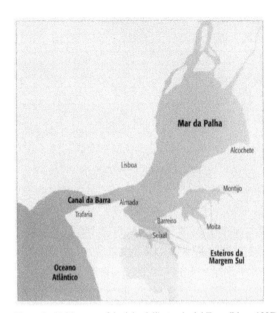

Figura 3 - Unità geomorfologiche dell'estuario del Tago (Lima, 1997)

Come per il Mare della Paglia, l'unità fondamentale della regione vestibolare del fiume, lunga circa 30 chilometri e larga 15, questo spettacolare golfo ha dimensioni mozzafiato. Qui le acque sono poco profonde, spinte dalle maree con basse correnti, e torbide a causa del limo tenuto in sospensione. L'area coperta dalle acque è di 261 km^2 (Farinha, 2000). A valle di Vila Franca de Xira si trovano quattro mouchoses[1] : Alhandra, Garças, Lombo do Tejo e Póvoa mouchoses, piccole isole alluvionali poco profonde e allagate. Le variazioni di marea e le estese alluvioni consentono un'ampia varietà di habitat: paludi, saline, banchi di vasa, leziria, canneti. Questa geodiversità, insieme alla sua posizione geografica e climatica, fanno di questo estuario un vero e proprio santuario degli uccelli e una delle zone umide più importanti d'Europa.

Il Mare di Paglia deve il suo nome al fatto che le imbarcazioni che risalivano il Tago durante le rotte commerciali scambiavano sale e saponette con cereali, vino, frutta e paglia, che traboccavano in acqua.

Il Canale di Barra, il "collo di bottiglia" che stabilisce la comunicazione con l'Oceano Atlantico, ha una lunghezza di circa 10 chilometri e una larghezza quasi costante di 2 chilometri. È la parte più profonda dell'estuario (circa 40 metri) e presenta le correnti più forti. Le sue acque leggermente inquinate hanno la salinità più alta di tutto l'estuario. Ospita specie che esistono solo qui. È la porta d'ingresso per molte specie ittiche provenienti dall'Oceano Atlantico ed è molto importante perché

---

1 Piccole isole al centro del fiume formate dall'accumulo di terreni alluvionali.

12

permette di riciclare le acque interne attraverso il flusso e riflusso delle maree. Il canale è inserito in una struttura di faglia con ripide scogliere scavate nel Miocene. La zona terminale del Canale di Barra inizia gradualmente a cedere alle acque marine, formando una sorta di "foce" delimitata fino alla linea Bugio/Sao Juliao (Lima, 1997).

Le steppe sono come le dita di una mano che ha come palmo il Mare di Paglia. È l'unità in cui l'acqua è più profonda, lasciando un'ampia area scoperta durante la bassa marea. Le paludi si trovano alle estremità e sulle rive degli estuari e le loro caratteristiche le rendono favorevoli alla nascita, alla crescita e al rifugio di una variegata fauna fluviale ed estuariale.

2.1. Biodiversità estuarina

"L'estuario del Tago è magnifico e maestoso, essendo allo stesso tempo una parte molto preziosa della matrice ecologica ed economica di questo vecchio continente, sia per l'ittiofauna, l'avifauna e altri gruppi biologici, sia per sostenere varie attività economiche." (Dias, 1999)

Gli organismi estuarini possono essere classificati, come mostrato nella figura 5, da oligohaline a stenohaline se sono rispettivamente meno o più tolleranti alla salinità. Con una tolleranza intermedia ci sono gli organismi veramente estuarini, che si distribuiscono in acque con salinità comprese tra il 5 e il 18‰ (permilage) e gli organismi eurialini, che vivono in acque con salinità raramente inferiori al 18 ‰. Gli organismi migratori utilizzano una via di comunicazione tra il mare e l'estuario e tolerano alte e basse salinità (Figura 4).

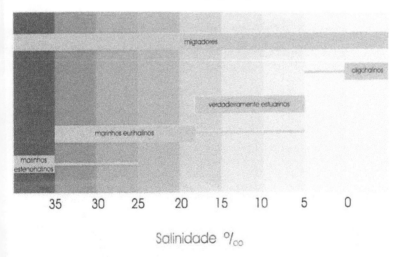

Figura 4 - Classificazione degli organismi in base alla salinità *dell'habitat* (Dias, 1999)

I microrganismi forniscono grandi quantità di nutrienti, essenziali per gli alti livelli di produttività degli estuari. Qui sono presenti alghe macrofite, le cui specie più rappresentative sono: lattuga di

13

mare (*Ulva lactuca*), bodelha (*Fucus vesiculosus*) e *racilaria verrucosa*. Durante la bassa marea, sulle sponde scoperte crescono alghe unicellulari del gruppo delle diatomee.

Le specie vegetali alofite hanno la morfologia adatta per resistere all'alta salinità. Hanno ghiandole epidermiche che secernono il sale in eccesso, radici complesse, fusti succulenti e foglie piccole (Lima, 1997).

Queste piante compaiono sul terreno salato formando una serie di aloni con una strategia di diffusione orizzontale (Fig. 5 a-f). La morraça (*Spartina maritimus*) è considerata la pioniera, a diretto contatto con l'acqua salata sulle rive. Seguono le graminacee (*Arthrocnenum perenne* e *Halimione portulacoides*) e le sarcocornie (*Sarcocornia alpina* e *S. Fruticosa)*, e infine la calendula di mare *(Aster tripolium), la* campanella di spiaggia *(Inula crithmoides), il* sagebrush (*Suaeda vera*), il giunco di stuoia *(Juncus maritimus)* e il giunco (*Cyrcus maritimus)*. *È presente* anche il limonio (*Limonium sp.*), che attualmente sta tornando in auge.

Figura 5 - Piante alofite: a) Morraça (*Spartina maritimus*); b) Malmequer-do-mar (*Aster Tripolium*); c) Gramata branca (*Halimione portulacóides*); d) *Sarcocornia fruticosa* e) Junco-dasesteiras (*Juncus maritimus*) f) Limónio, (Limonium *sp.)* (giugno 2014)

Un tempo l'uomo utilizzava queste piante per l'alimentazione del bestiame (morraça), per coprire le case di legno e le "seghe di sale" nelle saline dell'estuario del Tago (junco), come condimento (germogli di alcune erbe conservati nell'aceto) e come pianta ornamentale (limonium). Queste piante continuano a essere estremamente importanti per l'uomo grazie alla loro funzione di ossigenatori dell'atmosfera e, d'altra parte, le piante delle paludi salmastre consumano e assimilano i nutrienti inorganici provenienti dalle acque reflue o dagli effluenti domestici, come nitrati e fosfati, che vengono decomposti dai microrganismi presenti nei fanghi. Dopo la precipitazione, i metalli pesanti tossici (mercurio, arsenico, cadmio, piombo, rame e zinco) vengono assorbiti e trattenuti dalle radici di queste piante alofite, che contribuiscono così alla depurazione delle acque estuariali. Inoltre, la vegetazione palustre è molto importante come rifugio e sito di nidificazione per l'avifauna (Lima, 1997).

Per quanto riguarda la fauna, verranno citati solo alcuni degli animali più rappresentativi dell'estuario. Gli animali bentonici noti come macrozoobenthos sono molto ben rappresentati e si trovano nei sedimenti o nei vecchi banchi di ostriche (ad esempio anellidi policheti, *Hediste diversicolor*). Tra i bivalvi spiccano la lambujinha (*Scrobiularia plana*), la vongola (*Ruditapes decussatus*) e il gallo (*Cerastoderma edule*).

I crostacei includono il granchio verde (*Carcinus maenas*), il gambero (*Palaemonetes varians*) e il gambero dorato (*Crangnon crangnon*).

Nell'ittiofauna, gli estuari svolgono un ruolo molto importante perché i pesci utilizzano questo ecosistema, almeno per un periodo della loro vita, come *nursery*[2]. Quest'area agisce come una sorta di "incubatoio" dove i pesci si riproducono e trovano le condizioni per svilupparsi, un fattore molto importante per il ripopolamento degli *stock* costieri.

Esistono due tipi di pesci: i pesci stanziali e i pesci migratori. I pesci stanziali sono quelli che trascorrono l'intero ciclo di vita nell'estuario, dalla nascita alla morte, e comprendono circa 30 specie. Le più diffuse sono: 1) il ghiozzo (*Gobius sp. e Pomatoschistus sp.*); 2) il cavalluccio marino (*Hippocampus sp.*) e l'orata (*Syngnathus sp.*); 3) il pesce re (*Atherina sp.*); 4) lo squalo (*Halobatrachus didactylus*) 5) l'acciuga (*Engraulis encrasicholus*). Pur non essendo di grande interesse economico, sono specie "ben adattate" alla salinità e ad altri fattori abiotici, resistenti a variazioni estreme e, nella maggior parte delle specie, all'inquinamento. La gallinella mostra un comportamento territoriale: costruisce nidi con conchiglie per deporre le uova e di solito è il maschio a sorvegliarle.

I pesci migratori o diadromi sono utenti dell'estuario e sono classificati come: 1) anadromi e 2) catadromi (Figura 6-a). I primi sono quelli che da adulti vivono in mare ma dipendono dal fiume per la riproduzione. Depongono le uova su fondali sabbiosi o ghiaiosi in zone d'acqua dolce. Nel caso del Tago, questo fenomeno era importante in passato. I pescatori di Vieira de Leiria, Ílhavo o Murtosa andavano a pescare l'alosa (*Alosa alosa*) o la lampreda di mare (*Petromyzon marinus*). *La pesca intensiva, l'inquinamento, la costruzione di dighe e la cattura prima della deposizione delle uova minacciano queste specie (Lima, 1997).*

I pesci catadromi sono pesci che di solito vivono nei fiumi e scendono in mare per deporre le uova,

---

2 Area con condizioni favorevoli alla deposizione delle uova, all'alimentazione e alla crescita del novellame.

16

che si schiudono in ambiente marino. Poi ritornano nell'ambiente fluviale. Ne sono un esempio quattro specie di cefali (Lima, 1997) e le anguille *(Anguilla anguilla)*, che si riproducono nel Mar dei Sargassi. Le loro larve (leptocefali) iniziano un lungo viaggio di circa 3 anni, trasportate dalla Corrente del Golfo fino alle coste europee dove, a circa 100 chilometri di distanza, metamorfosano in anguille cieche o elver, entrando nei fiumi verso i luoghi di origine dei genitori (Dias, 1999).

Il corso più a monte del fiume Tago ospita specie ittiche stenoaline (Figura 6-b).

a)   b)

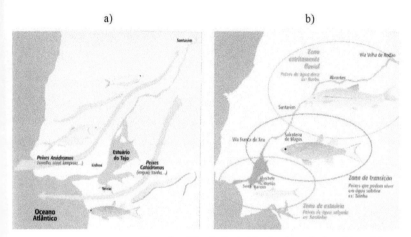

Figura 6 - a) Pesci migratori in viaggio per la deposizione delle uova; b) Variazione dei pesci lungo il corso del Tago (Lima, 1997).

L'estuario è uno dei siti ornitologici più ricchi, essenzialmente per gli uccelli migratori che qui trovano riparo e cibo e possono o meno nidificare. È essenzialmente in inverno che scelgono quest'area per soggiornare (Figura 7). In totale si possono concentrare qui più di 150.000 uccelli acquatici, svernanti e passeriformi migratori.

Si possono osservare con grande frequenza: airone cenerino *(Ardea cinèrea)*, *garzetta* (Egretta *garzetta)*, codirosso *(Recurvirostra avosetta)*, tordo comune *(Tringa totanus)*, scorfano *(Caladris alpina)*, chiurlo maggiore *(Limosa limosa)*, gallinella d'acqua *(Gallinula chloropus)* e germano reale *(Anas platyrhynchos)*. Gli uccelli limicoli, gli anatidi e i laridi sono abbondanti nelle aree palustri e salmastre e utilizzano il letto del fiume.

17

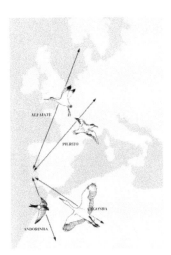

Figura 7 - Rotte degli uccelli migratori (Lima, 1997)

I mammiferi sono rappresentati dalla lontra europea (*Lutra lutra*), minacciata di estinzione, dai topi e dai toporagni che si trovano nelle paludi e nelle saline. Servono da cibo per alcuni rapaci, come il barbagianni (*Tyto alba*), il gheppio grigio (Elanus caeruleus) e altri rapaci.

L'importanza biologica degli estuari è tale che la Strategia Mondiale di Conservazione li considera essenziali per i processi ecologici che sostengono la vita. In quanto tale, l'uomo deve rendersi conto che gli ecosistemi che sfrutta e da cui dipende hanno interdizioni e limiti, quindi deve rispettare il capitale di rinnovamento delle risorse (Dias, 1999).

"Gestire bene significa rendere possibile il godimento, perpetuando... "

António Dias

2.2. L'impatto antropico: una panoramica storico-culturale dell'occupazione della riva sud

L'estuario del Tago è ben lungi dall'essere utilizzato in modo razionale, come dimostrano il degrado della qualità dei sedimenti e l'inquinamento e/o la contaminazione delle acque, l'artificializzazione degli argini, le discariche sulle paludi salmastre, lo sfruttamento non durevole degli stock ittici, come la pesca eccessiva, l'uso frequente di attrezzi illegali, ecc.

L'inquinamento ha causato una significativa riduzione della ricchezza biologica dell'estuario e la forte diminuzione dello *stock* ittico è dovuta anche alla costruzione di dighe che impediscono ai pesci migratori di raggiungere le zone di riproduzione e alla pesca intensiva e non selettiva (effettuata con reti molto strette che catturano piccoli pesci giovani). La scomparsa dei delfini del Tago è stata una conseguenza dei problemi di inquinamento generati in passato dai complessi industriali di Seixal, Barreiro e Almada e dagli scarichi urbani e industriali di Loures e Vila Franca

18

de Xira. Il tursiope, che per molti anni è stato una specie stanziale, è stato nuovamente avvistato. Ciò è dovuto al miglioramento delle acque a causa del loro disinquinamento con la costruzione di impianti di trattamento delle acque reflue in tutto il bacino del Tago, nonché alla chiusura di alcune industrie inquinanti (Chitas, 2014).

L'ostrica *Crassostreia angulata*, specie abbondante fino agli anni '70, è scomparsa dalle acque del Tago a causa del degrado ambientale, lasciando solo le "conchiglie". Oggi, questi banchi di ostriche morte fungono da habitat per il minhocao, un polichete ampiamente utilizzato come esca da pesca, simile al suo "parente", *Lanice conchilega*, un polichete sedentario noto come bozzolo di sabbia (Lima, 1997). Il motivo della scomparsa delle ostriche è il tributile di stagno ($Bu_3 Sn^+$) presente nelle vernici utilizzate sul fondo delle imbarcazioni e impiegate nei cantieri navali. Il suo continuo utilizzo sta rendendo impossibile la reintroduzione della nota ostrica portoghese.

Questo composto chimico, noto come TBT, è altamente tossico per i bivalvi e la fauna ittica e anche a basse concentrazioni può causare anomalie nella calcificazione, disturbi nell'embriogenesi e nella crescita larvale e giovanile delle specie e persino provocare l'imposizione dello stesso sesso nei gasteropodi, portando alla trasformazione delle femmine in maschi (Bettencourt, 1997).

Gli studi hanno rivelato la presenza di altri elementi tossici nelle acque dell'estuario, come mercurio e piombo, e altri derivanti dall'inquinamento industriale, come metalli pesanti, *policlorobifenili* (PCB), idrocarburi, ecc.

Nel canale settentrionale, una delle aree più degradate dell'estuario, sono state osservate alte concentrazioni di mercurio nei sedimenti di fronte a Póvoa de Santa Iria e un picco di arsenico vicino a Solvay Potugal. A sud, nella zona di Barreiro, i livelli di metalli pesanti e metalloidi come piombo, arsenico, mercurio, rame e zinco sono allarmanti (Dias, 1999).

Le alghe macrofitiche, che fungono da indicatori dell'inquinamento da mercurio, rivelano una realtà inquietante e il contenuto di questo inquinante nei molluschi è preoccupante. Questi ultimi continuano a essere pescati illegalmente per il consumo umano (Figura 8).

Figura 8 - Raccolta illegale di bivalvi senza passare per l'asta con attrezzi da pesca illegali come l'uso di reti a maglie strette (reti a circuizione). Spiaggia di Moinhos, Alcochete (foto dell'autore, 31 maggio 2014).

Va notato che l'accumulo di inquinanti negli estuari favorisce la loro introduzione nelle catene trofiche, dando luogo a fenomeni di **bioaccumulo**. Gli inquinanti che entrano e si accumulano nei produttori vengono poi trasmessi ai consumatori, dove la concentrazione dell'inquinante aumenta di circa 10 volte.

Negli anni Cinquanta e Sessanta, l'installazione di diversi rami dell'industria pesante intorno a Mar da Palha ha peggiorato la qualità sanitaria delle acque del fiume. La principale fonte di inquinamento era il complesso chimico industriale di Barreiro, ora chiuso, che rilasciava metalli pesanti (mercurio, arsenico, zinco, rame, cadmio, ferro e piombo) determinando situazioni allarmanti. In questo periodo, anche la Siderurgia Nacional di Seixal e la Soda Povoa di Santa Iria da Azóia hanno contribuito all'inquinamento atmosferico. Anche Lisnave, con una serie di piccoli cantieri navali su entrambe le sponde dell'estuario, ha contribuito con sversamenti di oli, idrocarburi e residui di sverniciatori, estremamente dannosi per la vita dell'estuario.

Nel comune di Barreiro, da Lavradio a Coina, la costruzione e la riparazione navale hanno preso piede a metà del secolo scorso. Per la struttura (ossatura) delle navi si usavano il sughero e il leccio, mentre il pino era il legno più utilizzato per rivestire scafi e ponti. La nave nasceva con l'assemblaggio dello scheletro, il cavername, che veniva puntellato su entrambi i lati man mano che prendeva quota, solo dopo di che gli scafi venivano rivestiti e calafatati, in un lungo processo che culminava con il varo della nave in acqua. Nella zona che gradualmente sarebbe diventata quella che oggi conosciamo come Barreiro, si generarono molte persone e professioni diverse, che la fecero crescere in seguito alle esigenze tecnologiche di tutta una serie di attività sussidiarie.

La costruzione di navi su ordine reale per il lungo viaggio era importante per portare alto il nome del Portogallo e per costruire gli strumenti quotidiani della gente che viveva qui sulle spiagge e lavorava nelle campagne fuori dal Tago. Chiamate Muletas do Barreiro (Figura 9), erano un tipo specifico di imbarcazione costruita qui sul Tago.

Figura 9 - La Muleta, foto della collezione CMB di Augusto Cabrita

L'apertura della linea ferroviaria che collegava Barreiro a Setúbal e al sud del Paese ha aperto la strada allo sviluppo che avrebbe trasformato questa regione in uno dei maggiori centri industriali del Paese nel XX secolo. Inizialmente nell'industria del sughero e successivamente in quella chimica e siderurgica.

Tutte le industrie e le fabbriche avevano i loro moli con accesso al fiume, dove i prodotti entravano e uscivano. Barreiro è stata una delle aree con i maggiori problemi ambientali del distretto di Setúbal. Questo è stato alimentato da una grande concentrazione industriale, che è una delle principali fonti di inquinamento dell'aria e dell'acqua, dall'inquinamento urbano e da aree edificate dense e disordinate, aggravate dalla facilità con cui gli estuari assorbono i metalli pesanti (Luzia, 1994).

La Uniao Fabril del 1896 fu ribattezzata Companhia Uniao Fabril - CUF nel 1906. La sua installazione portò profondi cambiamenti ambientali (Figura 10), come racconta Caetano Beirao da Veiga, un pescatore locale nel 1910: "Barreiro è già diverso nell'aspetto, nel movimento, nella vibrazione delle strade, nel ritmo nervoso di chi lavora, nelle alte ciminiere che fumano giorno e notte, nell'orribile odore dei fumi chimici che aleggiano nell'aria, nelle impetuose aspirazioni sociali delle centinaia di lavoratori che si concentrano in questo colosso industriale, perennemente boccheggianti" (Divisione di Cultura, Patrimonio Storico e Musei, CMB, 2012).

Figura 10 - Complesso industriale della CUF a Barreiro nel 1970 (http://soplanicie.blogspot.pt/ 2013/01/a- condicao-operaria-no-barreiro.html).

Il successo di questa azienda fu dovuto alla combinazione di diversi fattori: oltre alla geografia, con collegamenti marittimi e ferroviari garantiti, il paternalismo industriale che Alfredo da Silva fornì ai suoi lavoratori, creando misure di sostegno sociale come alloggi, servizi sanitari e formazione per la qualificazione del lavoro, misure senza precedenti per l'epoca.

Il sale, risorsa naturale di queste acque, veniva utilizzato come ingrediente nei processi di produzione chimica, grazie all'impiego di cloro e sodio per diverse produzioni e al principio di utilizzare tutte le sostanze prodotte senza sprecarle. Qui si producevano materie prime di base come: 1) fertilizzanti, 2) oli, saponi e mangimi, 3) prodotti chimici e 4) prodotti metallici. Oltre a questi, con la successiva rimodulazione degli spazi e l'acquisizione di tecnologie innovative, si producevano anche attività complementari come la lavorazione dei metalli, il tessile, le vernici e la costruzione navale. L'area tessile segnò l'ammodernamento delle attrezzature per la filatura della juta, nella cui fabbrica furono installati i primi telai circolari (Figura 11).

Figura 11 - Telai speciali dove si producevano tessuti di mango, 1961 (Camarao, 2008).

La produzione di acido solforico (Figura 12- a) è servita come base per la produzione di altri prodotti come l'acido cloridrico (Figura 12- b) e il solfato di sodio.

a)

b)

Figura 12 - Vista generale dell'impianto di acido solforico "contatto IV", che ha iniziato la produzione nel 1961 (200 tonnellate al giorno). Si noti che questo è stato il primo impianto di Barreiro a utilizzare lo zolfo per produrre acido solforico.

producono acido solforico (Camarão, 2008).

Questa produzione era alimentata da una centrale elettrica *diesel*. In seguito, fu costruita una centrale a vapore con due turbine che, se insufficienti, sarebbero state supportate da una caldaia a vapore. Con l'aumento del fabbisogno di vapore, iniziò a ricevere il supporto dell'Unione Elettrica Portoghese (UEP). Negli anni '70, questo impianto ha svolto un ruolo importante nella fornitura di energia termica ed elettrica alle industrie di fibre sintetiche e chimiche.

La centrale termoelettrica di Barreiro, installata nel 1978, ha cessato l'attività nel 2009 perché rilasciava gas serra nell'atmosfera. Eletricidade de Portugal (EDP), Gestao da Produçâo de Energia, ha raggiunto un accordo con Fisipe, Fibras Sintéticas de Portugal, per costruire una nuova centrale di cogenerazione a gas naturale a Barreiro.

Questo impianto, composto da due gruppi turbina/caldaia a recupero, ha la capacità di produrre vapore per alimentare FISIPE. L'impianto è entrato in funzione a livello industriale il 29 dicembre 2009, diventando l'unico fornitore di vapore per FISIPE, consentendo così a EDP di soddisfare l'esigenza di chiudere la "vecchia centrale di Barreiro", che consumava olio combustibile, riducendo in modo significativo le emissioni di anidride carbonica (CO_2) e di ossidi di azoto (NO e NO_2) emesse nell'atmosfera. (http://www.energetus.pt/index.php/produtos/motores-diesel/128- barreiro).

La nuova società Baia do Tejo è nata dalla fusione di Quimiparque Parques Empresariais, SA con

SNESGES Administraçao e Gestao de Imóveis e Prestaçao de Serviços, SA e URBINDÙSTRIA Sociedade de Urbanizaçao e Infra-estruturaçao de Imóveis, SA. Sono responsabili della gestione dei parchi commerciali di Barreiro, Estarreja e Seixal, centri di sviluppo regionale impegnati in nuovi progetti su larga scala nel Paese.

Dopo un breve viaggio in un passato in cui modi di vita ancestrali sono stati sostituiti dal progresso economico che ha portato alla distruzione di vari ecosistemi, è urgente riflettere sul futuro e su ciò che vogliamo lasciare alle generazioni future. L'estuario del Tago è stato sottoposto a elevati livelli di inquinamento, superando di gran lunga la sua capacità auto-inquinante. Sia la riva nord che quella sud dell'estuario sono state urbanizzate con edifici costruiti senza alcuna pianificazione territoriale.

Fortunatamente questa realtà sta cambiando. La creazione della Legge fondamentale sull'ambiente e i Piani di assetto territoriale, che ora impongono all'industria di rispettare la normativa, insieme all'interessamento dei Comuni hanno cercato di modificare il quadro ambientale sopra descritto e hanno portato a un miglioramento delle acque dell'estuario del Tago.

Senza avere una visione pessimistica del futuro, dobbiamo "imparare dai nostri errori" e investire nell'educazione dei nostri giovani, rendendoli consapevoli della necessità di difendere l'ambiente. La scuola ha un ruolo fondamentale nel trasmettere questo "messaggio", incoraggiando negli studenti atteggiamenti proattivi per garantire uno sviluppo sostenibile alle generazioni future.

3. La Riserva Naturale dell'Estuario del Tago (RNET) - La sua importanza come zona umida estuarina

La Riserva Naturale dell'Estuario del Tago è stata creata nel 1976 con l'obiettivo di assicurare una gestione dell'ecosistema estuariale tale da garantire il mantenimento del suo potenziale biologico. Estesa ai comuni di Alcochete, Benavente e Vila Franca de Xira, su un'area di circa 14.416 ettari, la RNET si trova nella parte più a monte dell'estuario del Tago (Figura 13).

Figura 13 - Confini della Riserva Naturale e della Zona di Protezione Speciale dell'Estuario del Tago. Dati ICNF

L'estuario copre un'area di circa 320 km^2 , tra Muge e il Faro di Bugio, ed è la più grande zona umida del Portogallo. È di fondamentale importanza per il suo contributo al ripopolamento ittico della costa portoghese e per il suo valore come habitat per gli uccelli migratori, soprattutto nelle aree classificate come riserve naturali.

Il logo creato per la RNET include l'uccello "sarto" (Figura 14). Il numero di specie che svernano nell'estuario supera spesso di 10 volte il valore che conferisce alle zone umide lo status di importanza internazionale per la salvaguardia di una specie. L'estuario del Tago ha questo status per altre dodici specie e la riserva naturale è stata riconosciuta come Zona Umida di Importanza Internazionale nel 1980, come parte della Lista dei Siti della Convenzione di Ramsar.

Figura 14 - Illustrazione dell'uccello sarto realizzata da Daniel Ribeiro, uno studente del club "Os Amigos da Natureza" (Scuola elementare Alvaro Velho, 9° anno), a sinistra e il logo RNET a destra.

Dal punto di vista geologico, la riserva si trova in una regione dominata da depositi alluvionali moderni provenienti da Leziria Sul e dalla riva sinistra fino ad Alcochete. Isolati al margine orientale dell'area protetta si trovano i materiali litici di un cordone dunale e le formazioni pleistoceniche del bacino del Tago, su cui si sta sviluppando un bosco di sughere.

La RNET copre una vasta area di acque estuariali, velme, saline, paludi, pascoli e terreni agricoli (Figura 15). La maggior parte di quest'area è occupata da acque estuariali e substrati mobili. L'area essenzialmente terrestre è occupata da terreni agricoli che si estendono attraverso i mouchoes, il margine della Leziria meridionale e la zona di Pancas.

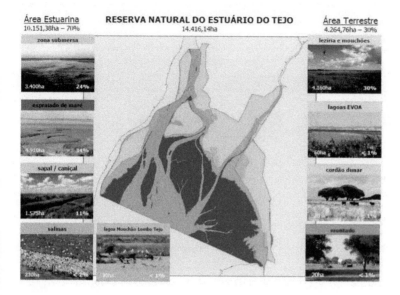

Figura 15 - Illustrazione degli ambienti dominanti nella RNET (in Seminario "La RNET e la regione circostante-potenziale per uno sviluppo locale sostenibile", 15 maggio 2014).

Nell'ambito dell'attuazione della Rete Natura 2000 per la salvaguardia della biodiversità europea, una parte significativa dell'estuario del Tago e dei suoi dintorni è stata classificata come Zona di Protezione Speciale (ZPS) per gli uccelli selvatici - Direttiva Uccelli, con il Decreto Legge 280/94 (Figura 13). Successivamente, l'ordinanza ministeriale 829/2007 l'ha riconosciuta anche come Sito di Importanza Comunitaria (SIC) - Direttiva Habitat. L'area integrata nella Rete Natura 2000, i cui codici di classificazione sono PTZPE0010/PTC0N0009 - Estuàrio do Tejo, comprende l'intera riserva naturale e i terreni circostanti, che sono anche molto importanti come habitat per varie specie. Questo territorio comprende: le saline di Samouco e la zona intertidale adiacente, il resto della Leziria meridionale, le paludi di Barroca e Vale do Cobrao e parte della dehesa sulla riva sud.

Al di fuori della RNET, ma nel territorio classificato come ZPS/SIC, esistono infrastrutture che promuovono la diffusione dei suoi valori ecologici.

All'estremità di Leziria Sul è stata installata l'EVOA (Birdwatching and Visiting Area) (Figura 16), progettata con la consulenza del *Wildfowl and Wetlands Trust (WWT)*, un'organizzazione con una vasta esperienza nella progettazione e nella gestione di zone umide.

Aperto al pubblico dall'aprile 2013, l'EVOA permette di visitare un patrimonio unico nel suo genere tra la Leziria e l'estuario del Tago, che comprende tre zone umide d'acqua dolce a diverse profondità, un centro di interpretazione ambientale e la salina di Saragozza.

27

Figura 16- Centro di interpretazione ambientale EVOA (Foto dell'autore, 5 ottobre 2014)

Nel comune di Vila Franca de Xira, nel 2014 è stato inaugurato il Centro di Interpretazione Ambientale e Paesaggistica, sulla riva estuarina di Póvoa de Santa Iria.

Nel comune di Benavente, la Pequena Companhia (Companhia das Lezirias) svolge attività interpretative e ricreative nella brughiera, promuovendo la conoscenza del montado e delle colture agricole e zootecniche coltivate nella proprietà (viti, ulivi, risaie, allevamenti e scuderie) e sviluppando attività equestri.

La città di Alcochete ospita la sede e il centro di interpretazione della Riserva Naturale dell'Estuario del Tago. All'estremità orientale del margine estuariale del comune, alle porte della riserva naturale, si trova il Centro di Animazione Ambientale Sitio das Hortas (SH-PAA), da cui si può osservare la più grande zona salmastra dell'estuario, dove è facile osservare un numero significativo di specie alofite e un importante numero di uccelli che si nutrono nelle imbarcazioni e nei canali durante il riflusso. Anche le barche a fondo piatto utilizzate per navigare nelle zone basse dell'estuario, alcune delle quali in legno e ancora con le pitture tradizionali, possono essere ammirate gratuitamente (Figura 17).

Figura 17 - Barche al Sitio das Hortas (prestato da Helena Silva)

Sempre nel comune di Alcochete, all'estremità occidentale del suo margine estuariale, si trova la Fondazione per la Protezione e la Gestione Ambientale delle Saline di Samouco (FPGASS), descritta nel capitolo 1, paragrafo 4.1.

> *"Sono le lacrime dal piedistallo di quest'uomo del passato che è rimasto Le bacche bianche di sale Che il popolo ha trasformato in aprile".*

António Rei - CMA, 1988

4. L'estuario e la salicoltura

La produzione di sale - la salicoltura - è una delle attività più antiche dell'economia nazionale e, nonostante il suo attuale declino, un tempo era molto importante. Dal punto di vista geografico, quasi tutti i comuni del bacino del Tago avevano saline e la maggior parte era associata a grandi proprietà rurali (Figura 18).

Figura 18 - Mappa riassuntiva delle saline del Tago (Dias, 1999).

Nel 1790 c'erano 245 marine[3] sul Tago, che producevano 104.900 mulini[4] di sale all'anno (Dias, 1999).

La reputazione del sale portoghese era enorme grazie al suo colore bianchissimo e ai bassi livelli di sostanze insolubili. A livello nazionale, il sale veniva utilizzato nelle attività domestiche, nell'industria e per rifornire la flotta nazionale di merluzzi. Veniva esportato in Paesi europei come Francia, Olanda, Norvegia, Svezia, Gran Bretagna e Danimarca (Dias, 1999).

L'industria del sale, un tempo parte molto importante dell'economia, ha perso peso nel corso del XX secolo (Tabella 3). Diversi fattori hanno contribuito al suo declino, tra cui la mancanza di

3 Salinas
4 Misura utilizzata dai salinari, equivalente a 750 kg.

30

manodopera, la concorrenza del basso prezzo del sale straniero e la sostituzione della salatura con le celle frigorifere per il congelamento del pesce (Rosa Azevedo, 2001).

Tabella 3 - Produzione annuale di sale portoghese in alcuni anni del XX secolo. Dati tratti da Mario Bolseiro Dias, Economia maritima de Aldeia galega do Ribatejo (Camarao, 2008).

Anni	Produzione in tonnellate
1932	9900
1957	8639
1968	6044
1970	3397
1980	2622
1989	500

"Le saline sono state a lungo parte del paesaggio marginale dell'estuario, rivelando un forte legame tra le popolazioni rivierasche e il loro fiume. Inoltre, le saline ospitano una grande biodiversità, essendo un luogo di protezione e una riserva alimentare per molti organismi. Salvaguardare questo patrimonio significa proteggere un'area di bellezza naturale e mantenere una parte della nostra identità culturale" (Dias, 1999).

4.1. Le saline di Samouco - Zona di protezione speciale (ZPS)

"...è l'ultimo che dà sale alle montagne...".

João Ferrão

La sua posizione periferica e la difficoltà di accesso hanno contribuito a preservare il comune di Alcochete dall'ondata di industria pesante che ha iniziato a prendere piede sulla riva meridionale del fiume Tago a metà del XX secolo (Soares, 2001).

Il complesso delle Salinas do Samouco ad Alcochete era composto da 57 porti turistici. Oggi, in tutto il Tago è attiva solo la "marinha do canto" della Fondazione per la protezione e la gestione ambientale delle saline di Samouco (FPGASS). Producono una piccola quantità di sale artigianale per non perdere per sempre questa cultura.

La Fondazione è stata creata per ridurre al minimo l'impatto ambientale causato dalla costruzione del ponte Vasco da Gama da parte di Lusoponte. Si decise quindi di espropriare questi 360 ettari di terreno, con l'obiettivo di gestirli e conservare la natura per un periodo di trent'anni. A quel punto, la

31

maggior parte delle saline era stata abbandonata. L'integrazione delle saline di Samouco nella ZPS ha rappresentato un vantaggio per la conservazione di quest'area. Nel febbraio 2002, Lusoponte, il Consiglio comunale di Alcochete (CMA) e l'ICNF hanno unito le forze con le organizzazioni non governative di protezione ambientale per garantire che l'intervento fosse ben accolto e che gli obiettivi fossero condivisi con la società civile.

Il complesso delle saline di Fundaçao è costituito essenzialmente da una serie di stagni separati da dighe e cisterne artificiali. Sono presenti anche aree agricole, un piccolo lembo di foresta e piccole macchie di vegetazione salmastra e dunale. I fenicotteri sono gli uccelli acquatici più popolari (Figura 19) e sono stati scelti per il logo della Fondazione.

Figura 19 - Fenicotteri sul Tago, vicino al ponte Vasco da Gama (Foto per gentile concessione della Fondazione per la protezione e la gestione ambientale delle Salinas do Samouco).

Quest'area è estremamente importante per gli uccelli migratori che si nutrono e si rifugiano qui durante l'inverno e i passaggi migratori, e che possono anche nidificare qui, vale a dire: il codirosso (*Himantopus himantopus*), la *sterna albifrons* e il nitticora (*Charadrius alexandrinus*) (Figura 20).

Figura 20 a) Codirosso (*Himantopus himantopus*); b) Chiurlo (*Sterna albifrons*); c) Piviere anellato (*Charadrius alexandrinus*); d) Piviere anellato interrotto.

FPGASS)

Oltre 90 specie di uccelli attraversano le saline. Durante l'inverno si possono osservare regolarmente più di 15.000 uccelli diversi: trampolieri, ardeidi, anatidi, rapaci e passeriformi. Tra i trampolieri più abbondanti vi sono il chiurlo destrorso, il piovanello comune, il codirosso, il piviere grigio e il codirosso. Per quanto riguarda gli anatidi, i più comuni sono il germano reale, la trombetta e l'alzavola.

Nei campi agricoli circostanti si trovano alcune specie di anfibi e rettili, come il rospo comune, lo sgombro, il serpente topo, la lucertola di macchia e la volpe verde, oltre a piccoli mammiferi come il topo di campagna, il ratto bruno, il coniglio, il riccio, la donnola e persino la volpe.

Per quanto riguarda la biodiversità vegetale, la vegetazione alofila, ovvero le piante resistenti all'alta salinità, è naturalmente la forma dominante e le forme principali sono già state descritte nel capitolo 1, paragrafo 2.1.

Durante l'inverno, le saline rimangono allagate. A marzo iniziano i lavori di pulizia del fondo delle

33

vasche e di ripristino delle baracche o dei sentieri laterali (Figura 21).

a) b)

Figura 21 - Manutenzione delle saline di Samouco a) Pulizia delle vasche b) Preparazione delle vasche (Foto per gentile concessione della FPGASS).

L'acqua dell'estuario del Tago invade le paludi e i fossati durante la piena (alta marea). Quando il livello del Tago supera quello delle saline, le paratoie vengono aperte. Le paratoie sono costituite da un deflettore e da uno scivolo (Figura 22-a). Lo scivolo viene sollevato in modo che l'acqua possa passare nello stagno (Figura 22-b). Il percorso dell'acqua è il seguente: vivaio, riserve della controcaldaia, caldaia di macinazione e infine i macelli di cristallizzazione.

a) b)

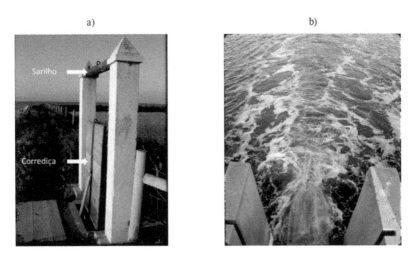

Figura 22 - a) Chiusa e canaletta b) Passaggio dell'acqua al vivaio (Foto per gentile concessione della FPGASS).

Quest'acqua riempirà un bacino chiamato **stagno** che alimenterà le saline in estate. Quando l'acqua entra nello stagno, entrano anche diverse specie di pesci e crostacei (branzini, orate, pinguini, pesci

34

re, anguille, cefali, gallinelle, orate, granchi, gamberi). L'acqua circola dal laghetto agli abbeveratoi di macinazione e da qui alle macellerie di cristallizzazione. Il livello dell'acqua varia tra i 20 e i 50 com e può superare il metro di profondità del laghetto.

Il passaggio viene scaricato attraverso piccole porte di legno (Figura 23 a-b).

Figura 23 - a) Circolazione dell'acqua verso i macelli b) Schema di circolazione nella salina (Foto per gentile concessione della FPGASS).

È in queste vasche di cristallizzazione divise da baracconi (localmente noti come barachoes) che avviene la precipitazione di NaCl, con 3 o 4 gradienti di salinizzazione (Tabella 4).

Tabella 4 - Livelli di precipitazione di NaCl (salinizzazione) nelle saline di Samouco (dati FPGSS)

Livello di salinizzazione	NaCl (g/L)
Basso	30 a 40
Media	70 a 140
Alto	> 150
Saturazione	>300

I cristalli di sale si formano in condizioni ideali di temperatura e velocità del vento e, attraverso il processo di "rasatura del sale" con un attrezzo di legno, la spatola, (Figura 24-a) vengono posti nelle baracche ad asciugare per alcuni giorni (Figura 24-b). Il "fleur de sel" viene raccolto dalla superficie con una rete (Figura 24-c), in quanto si tratta di un sale molto più fine che viene posto ad asciugare su speciali vassoi (Figura 24-d). Se il tempo lo permette, l'estrazione del sale avviene fino all'inizio di settembre, quando termina fino a marzo dell'anno successivo, quando ricomincia il processo di pulizia delle vasche.

Figura 24 - a) Salinaio che rade il sale con una spatola; b) Essiccazione del sale nelle baracche; c) Rete per la raccolta del "fleur de sel"; d) Vassoio per l'essiccazione del "fleur de sel" (Foto per gentile concessione della FPGASS).

Una volta asciutto, il sale viene trasportato in una sega per il sale (Figura 25) coperta con canne o plastica per proteggerlo dalla pioggia. Viene poi insaccato e conservato nella "casa del sale".

Figura 25 - Serra de Sal (Foto dell'autore)

La piccola quantità di sale prodotto artigianalmente a Samouco viene utilizzata per l'approvvigionamento locale e per la vendita alle piscine, dove viene utilizzato come sostituto del cloro. Viene anche fornito alle serre dell'azienda agricola "Salicornia production" (Figura 26). La salicornia è prodotta dai produttori agricoli Magna Cardoso e Jacob Harthoorn ed è esportata in diversi Paesi, tra cui Francia e Paesi Bassi. In Portogallo viene utilizzata solo in alcuni ristoranti *gourmet di* Lisbona e dell'Algarve. Oltre a essere commestibile, viene utilizzato come sostituto del

36

sale e per scopi medicinali e farmaceutici. I suoi semi possono essere utilizzati per produrre biodiesel. (https://www.facebook.com/alcochetesalicornia?fref=ts)

a)

b)

Figura 26 - Serre per la produzione di Salicornia (Foto fornita da Magna Cardoso, produttrice di Salicornia, il 23 aprile 2014)

Oltre alla produzione di sale, nelle Salinas do Samouco si svolgono altre attività, come l'inanellamento di uccelli per studi scientifici e il *birdwatching*, essendo un luogo eccellente per l'osservazione degli uccelli. L'obiettivo di acquisire una piccola popolazione di "asini mirandeses" era quello di stimolare le attività di educazione ambientale per le scuole e la comunità locale.

Durante la stagione di produzione del sale, le saline organizzano attività di "rastrellatura del sale", aperte al pubblico, in cui il salinaio di lunga data Joao Matias spiega l'intero processo. Accanto alle saline si trova l'edificio in rovina dell'antica fabbrica di essiccazione del merluzzo (Figura 27). Il pesce veniva scaricato qui e salato direttamente con il sale prodotto in queste saline.

Figura 27 -a) Cancello dell'essiccatoio del baccalà; b) Particolare della piastrella sul cancello; c) Ex essiccatoio del baccalà, ora abbandonato; d) Locali per l'essiccazione del baccalà (Foto del 25 febbraio 2014).

"La scomparsa delle saline a cui stiamo assistendo sta causando la distruzione del paesaggio, del mestiere del salinaro, dei valori culturali legati alla conoscenza e alla pratica del loro sfruttamento e anche l'eliminazione o la riduzione del valore di importanti habitat (per la nidificazione, il rifugio e l'alimentazione) per gli uccelli acquatici e tutta la biodiversità che vi si trova" (Dias, 1999).

Capitolo 2: Esperienza professionale

> *"L'educazione deve essere personalizzata: deve sforzarsi di valorizzare l'originalità offrendo corsi introduttivi alle varie discipline, attività o arti, e affidando questa iniziazione a specialisti che sappiano comunicare ai giovani il loro entusiasmo e spiegare loro le proprie scelte di vita".* "Rapporto Delors

> *Più importante della pesca o della raccolta di molluschi, era il sale a caratterizzare il rapporto dei Lavradienses con il fiume.* Ângela Luzia

1. Educazione ambientale nella scuola primaria Alvaro Velho 2,3

La Escola 2,3 de Bàsica de Alvaro Velho, situata nella parrocchia di Lavradio, è stata costruita in un'area dove un tempo c'erano le saline (Figura 28), quando la Quinta de Serrado o Cerrado fu demolita negli anni '60, di fronte al convento di Lóios.

Figura 28 - Saline che un tempo esistevano su Avenida das Nacionalizaçoes (http://cidadaodolavradio.blogspot.pt)

Fino al 1910, Lavradio era caratterizzata da una spiaggia fluviale, intervallata da saline, dove si produceva il sale nelle marine. Nell'entroterra, la parrocchia praticava una coltivazione intensiva di cereali, ortaggi e viti. All'epoca, il vino e il sale erano i pilastri dell'economia locale.

La pesca e le attività collaterali erano importanti nel comune, contribuendo all'approvvigionamento quotidiano di Lisbona. Tuttavia, sono state le ostriche e le lambujinhas o lamujinha (un parente stretto della vongola) a conquistare la celebrità di Lavradio, che alcuni autori definiscono uno dei luoghi con la maggiore abbondanza di ostriche del Portogallo (Luzia, 1994). Tradizionalmente, durante la Settimana Santa, il Venerdì o il Sabato Santo, poiché non si poteva mangiare carne, si organizzavano picnic a base di ostriche e crostacei nelle fattorie locali: "assadas de ostras" (arrosti di ostriche), accompagnati da vino bastardo di produttori locali.

Elementi caratteristici del paesaggio di Lavradio erano le saline (Figura 28), i terreni coltivati a cereali, i pascoli naturali e, soprattutto, i vigneti, che si distinguevano per il vino "bastardinho".

Nel 1958 a Lavradio c'erano dieci saline: "Sono state vendute, insieme agli stagni, alle cisterne e ai muri, e abbandonate a Dio: Poi vennero smaltite in discarica, e bene, senza lasciare all'esterno un accenno all'odore di salmastro, dagli anni '60 in poi (quelle sul terreno di Quimiparque erano di molti anni prima) fino al 2000, quando Lóios (che aveva tanti macellai quanti sono i giorni dell'anno, 365, come dice il mio amico Silvano da Costa Baptista) divenne l'ultima delle saline a scomparire, ma non dalla mappa della nostra storia" (Saraiva, 2005).

La scelta di Barreiro invece di Aldeia Galega (Montijo) come *capolinea* della rete ferroviaria a sud del Tago finì per essere decisiva per la configurazione e la percezione del paesaggio in cui si trova Lavradio. La ferrovia esportava essenzialmente sale, patate ed esplosivi, ricevendo in cambio sughero e carbone per le fabbriche esistenti. Con l'avvento della ferrovia si verificò uno sviluppo storico decisivo non solo per Barreiro ma anche per il Paese.

La creazione di industrie da parte della Companhia Uniao Fabril (CUF) il 19 settembre 1908, guidata dall'imprenditore e audace uomo d'affari Alfredo da Silva, portò a una vera e propria rivoluzione industriale: "Ciò che il Paese non ha, la CUF lo crea".

Dopo 106 anni di questa "rivoluzione" industriale a Barreiro, accompagnata da un enorme sviluppo tecnologico, dalla produzione di ricchezza, da lotte e movimenti operai e dalla modernità, le generazioni di portoghesi che hanno lavorato, vissuto e contribuito con il loro sforzo e il loro valore qui hanno ancora il diritto alla memoria.

Oggi non ci sono saline attive nel comune di Barreiro. Come il sale, anche il vino è scomparso dalla parrocchia di Lavradio. Ne rimangono solo ricordi e poche testimonianze.

Il 25 aprile 1997, il Consiglio parrocchiale di Lavradio, riconoscendo l'importanza di questa attività nell'economia locale, ha deciso di rendere omaggio al salinaro collocando una scultura di Pedro Miranda Dias all'ingresso del paese. A Lavradio esiste una via chiamata "Rua do salineiro" (via del salinaro), che si trova sul terreno della marina di Lóios, accanto al centro sanitario di Lavradio, vicino all'Avenida das Nacionalizaçoes, in omaggio ai cosiddetti marnoteiros o marnotos - i lavoratori del sale.

Inoltre, sul retro del nostro edificio scolastico - Escola Bàsica 2, 3 de Alvaro Velho - è stato installato un pannello a mosaico (Figura 29) in onore dell'industria del sale, realizzato dall'insegnante Maria José Ildefonso con la collaborazione dei suoi studenti.

Figura 29 - Pannello di mosaico collocato sul retro della scuola da Maria José e dai suoi studenti. Foto dell'autore

Nell'ambito del progetto educativo della scuola "Cittadinanza e sviluppo sostenibile, pensare globale, agire locale", è nata l'esigenza di far conoscere la regione in termini di caratteristiche fisiche e storico-culturali. Inoltre, per preservare il futuro di tutto il patrimonio locale, è fondamentale far conoscere e sensibilizzare i giovani ad adottare atteggiamenti ecologici. Lo sviluppo di questo tema ha portato alla creazione del club "Amici della Natura", con l'obiettivo di lavorare su vari progetti pratici nel campo dell'educazione ambientale, con organizzazioni locali e nazionali come partner.

1.1. Il Club Amici della Natura

Il Club è nato da un piccolo "seme", senza dubbio autoctono, portato dal vento, dall'acqua del Tago o anche, chissà, dagli uccelli, che ha insistito nel germogliare e ha superato tutte le avversità che si sono presentate! Progettato nell'ambito dell'azione formativa: "Corso di iniziazione all'osservazione e all'identificazione degli uccelli", con la Società portoghese per lo studio degli uccelli (SPEA), è stato il lavoro di valutazione finale, presentato il 24 maggio 2013. Il progetto di implementare il club nella scuola è stato approvato dal Consiglio pedagogico alla fine dell'anno scolastico, ma a

41

settembre, quando sono stati distribuiti gli orari, non è stato incluso nel calendario assegnato. In considerazione del lavoro personale investito in questo progetto, è stato proposto che, se ci fossero stati studenti iscritti, il club avrebbe funzionato, naturalmente con l'accordo della direzione scolastica.

C'è anche la difficoltà di trovare una sala disponibile per le lezioni del club. Sebbene la maggior parte delle attività si svolga all'esterno, quando il tempo non lo permette è necessario uno spazio all'interno della scuola. È stato improvvisato un piccolo spazio all'interno della biblioteca della scuola per lavorare e conservare i materiali prodotti. Questo spazio si è rivelato molto attraente ed è stato chiamato "Angolo della natura" (Figura 30) perché espone i lavori e le informazioni sul club.

Figura 30 - "Angolo della natura", all'interno della biblioteca scolastica (ottobre 2013)

Il club è "decollato" nell'ottobre 2013 con diciassette alunni di terza (due di seconda media, uno di terza media e quattordici di terza superiore). La prima sfida del club è stata quella di aprire un concorso per la costruzione di modelli 3D di uccelli. Il concorso è stato esteso a tutti gli studenti della scuola e il livello di partecipazione e la fantasia degli elaborati sono stati sorprendenti.

Al grande coinvolgimento degli studenti si è aggiunto un gruppo di insegnanti e personale che ha collaborato e contribuito all'organizzazione di mostre, conferenze, film e altre attività. Inoltre, la direzione della scuola, da sempre aperta alle tematiche ambientali, ha collaborato sostenendo tutti i lavori presentati.

Il club ha permesso di realizzare attività di educazione ambientale non solo nel campo delle scienze naturali, ma anche in altre materie, con un approccio trasversale e multidisciplinare. Gli atteggiamenti ecologici sono stati elaborati essenzialmente con classi esterne alla scuola che hanno permesso agli studenti di lavorare *in prima persona* con grande impegno e motivazione. Lo scambio di cicli (1°, 2° e 3° ciclo) è stato molto produttivo. Per gli studenti più grandi è stata una forma di responsabilizzazione, mentre per i più piccoli è stato un approccio diverso e apprezzato, come dimostra l'attività della figura 38.

Qui di seguito è riportato un riepilogo delle attività descritte nel *blog* e svolte nel club durante l'anno scolastico 2013/2014:

-   Concorso "Uccelli in 3D" con materiali di riuso, sponsorizzato dalla SPEA e con votazione *online* sul portale della scuola che ha permesso alle famiglie di partecipare;

-   Mostra fotografica sugli uccelli (fornita dalla fotografa ambientale Faisca): "Uno sguardo ai nostri uccelli", aperta alla comunità scolastica, compresi i genitori e gli accompagnatori, e riportata dal giornale locale "Rostos", da "Folha Viva", dalla rivista *online* della CMB e dalla *newsletter* SPEA n. 485:

http://www.rostos.pt/inicio2.asp?cronica=15000007http://issuu.com/folhaviva/docs/folha_viva_12-03 pagine singole http://www. spea.it/fotos/editor2/sol 485. pdf

-   Celebrazione della Giornata mondiale della ghianda, il 10 novembre, con la semina di ghiande, la distribuzione di pacchetti di ghiande e la proiezione del film "La foresta non è solo un paesaggio";

-   Esposizione degli uccelli in 3D presso la galleria RNET di Alcochete e presso il Centro ambientale Mata da Machada e Sapal de Coina con gli uccelli degli studenti;

-   Applicazione del metodo IBSE con piccoli progetti legati all'estuario del Tago (realizzazione del poster "Le piante palustri"), realizzazione di schede di lavoro, gioco didattico quiz4you sugli oceani, visione di film.

-   Gita alle saline di Samouco per osservare la biodiversità e realizzare il progetto "Le Saline vengono a scuola";

-   Collocazione di nidi sugli alberi della scuola e discorso dell'insegnante responsabile del club sulla collocazione e l'importanza dei nidi di uccelli - Articolazione con il 1° ciclo;

-   Semina di alberi e legumi, in collaborazione con EcoEscolas, nell'ambito del Club Europeo;

-   Conferenza tenuta dal progetto Life + MarPro della SPEA (Società portoghese per lo studio degli uccelli) per sensibilizzare alla conservazione delle specie di uccelli marini e cetacei;

-   Partecipazione al concorso di cortometraggi ambientali organizzato dall'Associazione portoghese per l'educazione ambientale (ASPEA) con il film: "Dai fiumi agli oceani, passando per la Riserva Naturale dell'Estuario del Tago", girato nelle saline di Samouco;

-   Commemorazione della Giornata Internazionale della Biodiversità, il 22 maggio, con un intervento dell'Agenzia Regionale per l'Energia per sensibilizzare al risparmio energetico e ai cambiamenti climatici. È stata inoltre allestita una mostra sulla biodiversità a cura del Comitato Avante Festival.

43

- Celebrazione della Giornata Mondiale dell'Ambiente, il 5 giugno, presso il Parco Biologico Gaia, con la consegna del premio per la votazione pubblica del concorso nazionale per cortometraggi ambientali. Presentazione del nostro lavoro e visione dei lavori delle altre scuole. Visita guidata del parco biologico nel pomeriggio;

- Gita alle saline di Samouco per un'attività di rasatura del sale, il 7 luglio, dove gli studenti sono stati "Salineiros per un giorno";

- È prevista una gita alle Jornadas do Ambiente di Seia per partecipare al Cine-Eco de Seia e una visita al Centro interpretativo della Serra da Estrela il 10 ottobre 2014 (premio per il concorso di cortometraggi ambientali).

Il bilancio dell'attività del club è stato molto positivo, ma è importante sottolineare le principali difficoltà incontrate, soprattutto quelle legate al carico di lavoro aggiuntivo:

- Mancanza di tempo a disposizione per gestire il club e preparare le attività, dato che insegno contemporaneamente a cinque classi di prima superiore;

- Responsabilità, non condivisa, per la logistica relativa alle gite scolastiche (trasporto, autorizzazioni, assicurazione scolastica e contatti necessari (di persona, per telefono e per e-mail).

- indisponibilità di fondi per le spese di viaggio e le gite (per ovviare a questo problema, una delle gite è stata pagata in tre rate per facilitare il pagamento da parte dei genitori).

1.1.1 "Sull'onda della consapevolezza ambientale"

Il progetto biennale (2013-2015) **"Na onda da Sensibilização Ambiental"** (**Sull'onda della consapevolezza ambientale**) è nato come parte della creazione del Club "Os Amigos da Natureza" (Amici della Natura) e lavora, quando possibile, in collaborazione con le Eco-school. L'obiettivo principale di questo progetto è quello di promuovere l'educazione ambientale attraverso una serie di attività che motivano gli studenti ad amare e rispettare la natura, al fine di attuare pratiche sane ed ecologiche in vista della sostenibilità della Terra.

Nell'anno scolastico 2013/2014 sono stati affrontati diversi argomenti che hanno portato gli studenti a conoscere la biodiversità dell'ecosistema estuariale del fiume Tago, con i seguenti progetti:

> **Salinas viene a scuola** (Studio di un ecosistema estuarino - Sostenibilità e conservazione delle zone umide dell'estuario del Tago)

> **Uno sguardo ai nostri uccelli**

> **Un seme... un futuro**

Quando possibile, le lezioni pratiche si sono svolte fuori dalla scuola, utilizzando le attrezzature e le risorse necessarie per le diverse attività (ad esempio, binocoli, mappe, guide da campo, quaderni da campo). Nell'anno scolastico 2014/2105 questi progetti continueranno e se ne aggiungeranno di nuovi quando si presenteranno.

Salinas do Samouco
Fundação para a Protecção e Gestão ambiental

"Le saline vengono a scuola": l'obiettivo principale di questo progetto è riconoscere l'interesse del patrimonio naturale di quest'area, che ha portato alla sua inclusione nella Zona di Protezione Speciale del Tago, dichiarata ai sensi della Direttiva Uccelli.

L'escursione alle saline, il 25 febbraio 2014, ha fornito un contatto diretto con la natura e ha permesso di conoscere la biodiversità caratteristica di questo ecosistema *in situ*, funzionando come "un laboratorio a cielo aperto". L'opportunità di fare *birdwatching* avrà contribuito a una migliore comprensione dell'avifauna (Figura 31-a) di questa ZPS e avrà permesso di riconoscere l'importanza di questo habitat per gli uccelli migratori, essenzialmente specie svernanti, che qui trovano riparo, cibo e siti di nidificazione. Gli studenti hanno visto per la prima volta specie acquatiche che non avevano mai visto prima, oltre ad alcuni importanti aspetti della dinamica di questo ecosistema.

Hanno imparato ad apprezzare questa zona umida e hanno mostrato un cambiamento di concezione, dato che inizialmente pensavano che si trattasse di un ecosistema di fango in cui non c'era praticamente vita. I partecipanti hanno anche ampliato le loro conoscenze sulle piante alofite e hanno avuto l'opportunità di assaggiare la salicornia, una pianta alofita commestibile. Hanno anche appreso la capacità di queste piante di trattenere i metalli pesanti nelle loro radici. Hanno anche svolto un'attività di aromatizzazione del sale (Figura 31-b) con erbe aromatiche di loro scelta. Questa gita ha consentito un approccio multidisciplinare all'educazione ambientale, in quanto insegnanti di diverse discipline hanno partecipato e preparato attività nell'ambito delle loro materie, proseguendole nelle loro classi. La pianificazione con la corrispondente guida alle attività è riportata nell'Allegato 1.

Questa visita è servita a motivare l'utilizzo della metodologia *Learning Outside Classroom* (LotC) in un approccio *basato sull'indagine per l'educazione scientifica* (IBSE), utilizzando le piante della palude salata (vedi Allegato 2).

Questa gita è stata filmata per un "cortometraggio" al fine di far conoscere questo spazio agli studenti che non hanno partecipato alla gita. Tuttavia, ha finito per essere proiettato a livello nazionale quando si è presentata l'opportunità di partecipare al progetto "*Fiumi e oceani: percorsi e storie*" dell'ASPEA, che ha organizzato un concorso per far conoscere il film.

a cui abbiamo presentato il nostro cortometraggio che ha vinto nella categoria di votazione pubblica *online*. Il filmato è disponibile all'indirizzo :

https://www.youtube.com/watch?v=CtjLSSkFW_c

Il premio consisteva in un viaggio al Centro interpretativo della Serra da Estrela e all'Eco cinema Seia il 10 ottobre 2014. Inoltre, l'ASPEA ha organizzato un incontro al Parco biologico di Gaia nell'ambito delle celebrazioni della Giornata mondiale dell'ambiente (5 giugno), che ha dato agli studenti l'opportunità di partecipare all'evento e di conoscere il lavoro svolto dai loro coetanei di altre scuole sul tema dell'ambiente e di fare una visita guidata al Parco biologico di Gaia.

Il 20 giugno gli studenti del club hanno effettuato una seconda gita alle saline di Samouco, durante la quale hanno appreso un po' di storia e cultura della coltivazione del sale. Nell'estuario del Tago, le saline di Samouco sono le uniche a produrre sale e sono l'unico residuo di un'attività ancestrale in via di estinzione. Individualmente o in gruppo, hanno maneggiato oggetti legati al processo di produzione del sale (attività *pratiche*). Sono stati "salinai" per un giorno, rasando il sale (Figura 31-c), pesandolo e confezionandolo (Figura 31-d). Il 6 settembre era prevista un'attività di rasatura del sale (con 30 adesioni) per il resto della comunità scolastica, gli insegnanti e il personale. L'attività è stata annullata a causa delle condizioni meteorologiche, poiché le forti precipitazioni non hanno permesso la formazione del sale.

Figura 31 - a) studenti che *fanno birdwatching* con binocolo e telescopio; b) aromatizzazione del sale con erbe aromatiche; c) rasatura del sale con una spatola; d) insacchettamento del sale per la vendita.

Dopo aver studiato questo ecosistema, continueremo con questo progetto, dove prevediamo di raccogliere la salicornia per effettuare esperimenti. Sempre in fase di studio, semineremo salicornia con diverse concentrazioni di sale e produrremo un libro di cucina con la salicornia, evidenziando la sua importanza per la salute come sostituto del sale.

"Uno sguardo ai nostri uccelli"

Questo progetto introduce gli uccelli con l'obiettivo di riconoscere la loro importanza come bioindicatori ambientali. Le attività svolte nell'ambito di questo progetto hanno sempre fatto riferimento alla salvaguardia e alla conservazione delle specie.

Il concorso per la realizzazione di modelli 3D di uccelli è stato lanciato all'inizio dell'anno scolastico 2013/2014. Questa competizione ha sfidato gli studenti a scegliere un uccello e, utilizzando una varietà di materiali, a riprodurlo nel modo più simile possibile a quello reale. Anche le famiglie sono state coinvolte nella realizzazione dei modelli e l'uso di materiali riciclati/riutilizzati è stato valutato nella loro valutazione.

Per selezionare l'"uccello vincitore", è stato creato un team di tre giudici: la Società portoghese per lo studio degli uccelli (SPEA), la preside della scuola, Helena Pires, e il responsabile del club

"Amici della natura". La selezione è stata aiutata dal voto *online, che ha permesso alle* famiglie e all'intera comunità scolastica di partecipare.

I lavori realizzati dagli studenti sono stati esposti nella scuola (Figura 32-a) insieme alle foto del fotografo naturalista Faisca, e la mostra è stata pubblicizzata dalla stampa locale: "Jornal Rostos" e Folha Viva da CMB.

a)

b)

Figura 32 - a) Mostra dei lavori realizzati nell'ambito del concorso "Uccelli in 3D"; b) Fenicottero, uccello vincitore del concorso

Il "fenicottero" fatto di bicchieri di plastica è stato l'uccello vincitore (Figura 32-b), seguito dal gufo fatto di materiale informatico e al terzo posto dal passerotto fatto di ghiande e foglie di quercia. Questi uccelli sono stati richiesti per essere esposti al Centro ambientale Mata da Machada e Sapal de Coina di Barreiro (Figura 33-a) e alla galleria RNET (Figura 33-b) di Alcochete.

a)

b)

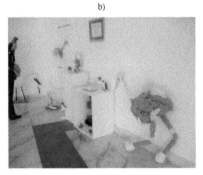

Figura 33 - a) mostra presso il Centro Ambientale di Mata da Machada e Sapal do rio Coina; b) mostra presso la galleria RNET di Alcochete

Sempre sul tema degli uccelli, l'11 marzo 2014 è stata tenuta una lezione dalla biologa marina Ana Meirinho, nell'ambito del progetto Life + MarPro della SPEA (Figura 34). Gli studenti hanno appreso alcuni aspetti del lavoro dei biologi marini e, in particolare, il lavoro svolto dalla SPEA per la conservazione di uccelli e cetacei e per prevenirne l'estinzione. Al termine della lezione, gli studenti hanno svolto un compito di gruppo sugli **uccelli acquatici** *e* **terrestri**. Dall'elenco di uccelli proposto, gli studenti ne hanno scelti due, uno terrestre e uno acquatico. Utilizzando guide ornitologiche e internet, hanno raccolto informazioni sulla fenologia degli uccelli scelti (Appendice 3). Al termine dell'attività, ogni gruppo ha presentato il proprio lavoro.

Figura 34 - Attività svolta con SPEA nell'ambito del progetto Life+MarPro l'11 marzo 2014

Il 22 maggio si è celebrata la Giornata internazionale della biodiversità. Gli studenti hanno assistito a una conferenza sul "Cambiamento climatico" tenuta da Joao Braga dell'Agenzia regionale per l'energia Barreiro (Figura 35). Alla fine, il dibattito è stato molto produttivo e illuminante.

Figura 35 - Conferenza "Cambiamenti climatici" in occasione della Giornata internazionale della biodiversità

Sempre sul tema della biodiversità, è stata allestita una mostra, gentilmente fornita dal Comitato dell'Avante Festival, che è rimasta esposta a scuola per 15 giorni. Questa è stata esposta al festival Avante nel 2010, come parte della commemorazione dell'Anno della Biodiversità (Figura 36).

Ai poster di questa mostra, abbiamo aggiunto anche il lavoro realizzato dalle classi quinte di Isabel Martins, in relazione al tema della "pesca sostenibile" come modo per preservare le specie marine. Gli studenti hanno dipinto in modo creativo delle sardine per "attirare l'attenzione" sulla sostenibilità degli oceani. Anche gli studenti del 1° ciclo hanno pubblicizzato creature acquatiche realizzate con materiali riciclati (Figura 37).

Figura 36 - Mostra sulla Giornata internazionale della biodiversità

Figura 37 - A sinistra disegni di sardine e a destra uno dei lavori degli studenti del 1° ciclo.

Per il prossimo anno scolastico, il progetto dovrebbe proseguire con gare e gite per il birdwatching.

Un seme... un futuro

Il progetto **"Un seme... un futuro"** mira a far conoscere la flora portoghese e la sua importanza, con particolare attenzione alle specie autoctone. Quando possibile, le piante vengono seminate e propagate per via vegetativa. Qui gli studenti hanno la possibilità di "sporcarsi le mani" e vedere crescere le loro piante!

In questo contesto, celebriamo la Giornata mondiale della ghianda e la Giornata mondiale delle foreste. Gli alunni di due classi del terzo anno della scuola primaria del Gruppo scolastico Alvaro Velho sono stati coinvolti con entusiasmo nella semina delle "loro ghiande" di quercia da sughero e di quercia. Gli studenti del club hanno collaborato aiutando i piccoli ogni volta che ne avevano bisogno (Figura 38). Questa interazione tra i cicli è stata molto arricchente per entrambi e alcuni studenti sono venuti a ritirare il loro albero durante la Giornata mondiale delle foreste.

Figura 38 - Celebrazione della Giornata mondiale della ghianda con il 1° ciclo.

Come già detto, si è lavorato sulle piante alofite (Appendice 2). Per il prossimo anno scolastico si prevede di continuare il progetto e di iniziare a esplorare il tema delle piante invasive locali.

1.1.2. Il *blog*

Il *blog* è stato creato nel 2008 per il Corso di educazione e formazione al giardinaggio (CEF) come modo per motivare gli studenti a svolgere i compiti proposti. Gli studenti erano desiderosi di condividere i loro progetti con amici e familiari. Il *blog* è stato aggiornato per quattro anni, quando il corso è terminato.

Nel 2013, il *blog* è stato riciclato per pubblicizzare le attività del club "Amici della Natura", continuando a puntare sulla motivazione degli studenti. Viene inoltre utilizzato per trasmettere "messaggi ambientali" e informazioni ecologiche rilevanti, in modo da raggiungere l'intera comunità scolastica e le famiglie. Viene aggiornato ogni volta che è possibile.

Il *blog* è disponibile sul portale della nostra scuola, della SPEA, dell'ASPEA e anche sul *blog di* BOLOGTA, come strumento di divulgazione delle attività di educazione ambientale nelle scuole. Il link per accedervi è: http://**alvarovelho.net/cefjard/**.

Figura 39 - Aspetto generale del blog del club "Amici della Natura

2. Progetti scientifici sviluppati nel corso dell'attività professionale

Vi descrivo brevemente i principali progetti a cui ho lavorato e che mi hanno maggiormente colpito nel corso dei miei 18 anni di attività professionale.

2.1. Corso di istruzione e formazione (CEF) in giardinaggio, livello II

Ho insegnato questo corso per la prima volta nella scuola secondaria di Pinhal Novo. È stato difficile adattarsi perché, oltre a essere una materia nuova con programmi di studio diversi, gli studenti avevano caratteristiche particolari. Ritirati più volte nello stesso anno e con alcuni problemi emotivi, avevano difficoltà a concentrarsi, il che si ripercuoteva sul loro comportamento e sul loro rendimento. Pur organizzando le lezioni, ho dovuto adattare le strategie per i giorni più "difficili". Avevano interessi diversi da quelli accademici e un background complicato, tra cui una storia di uso di sostanze psicoattive. È stata una vera sfida.

Alla Escola Bàsica 2, 3 de Alvaro Velho, sono stato nuovamente selezionato per "portare a compimento" altri due gruppi di giovani con queste caratteristiche, per quattro anni consecutivi, fino alla chiusura del corso per mancanza di studenti. Ho insegnato le materie 1) Manutenzione di giardini e prati e 2) Installazione di giardini e prati.

Ho promosso attività di collegamento tra queste classi e la vita lavorativa, progettandole e realizzandole in collaborazione con il Consiglio di Classe (Allegato 4): allestimento di un orto didattico; organizzazione di fiere a tema con esposizione dei lavori svolti durante il corso; monitoraggio dei lavori di giardinaggio organizzati con il CMB (potatura, piantumazione, posa di tappeti e manutenzione del giardino); diffusione dei lavori/progetti degli studenti alla comunità scolastica, in particolare attraverso il *blog* e il portale del gruppo; collaborare con i CEF nei progetti EcoEscolas e nel Progetto di Educazione alla Salute (PES), partecipando a conferenze sull'alimentazione, sulle abitudini salutari e sulla sessualità responsabile.

53

2.2. Istruzione superiore

La mia breve permanenza nell'istruzione superiore presso l'Instituto Superior de Ciências Educativas de Felgueiras (ISCE-Felgueiras) è stata un'esperienza molto produttiva e una grande sfida. Per due anni non consecutivi (anni accademici 2000/2001 e 2002/2003), ho insegnato Biologia, 4° anno, nella variante di Matematica e Scienze Naturali del Corso di Formazione per Insegnanti di Scuola Primaria (2° ciclo) e Didattica delle Scienze Naturali, 3° anno dello stesso corso (anno accademico 2002/2003).

Ho instaurato un buon rapporto di insegnamento. Oltre al programma da insegnare, ho condiviso esperienze sulle mie pratiche mentre gli studenti si preparavano a insegnare.

2.3. Attività sviluppate all'interno della comunità educativa

Tabella 5 - Visite di studio durante la mia carriera professionale

Data	Luogo di visita	Studenti partecipanti
2000	Strutture Pronicol	8° grado
2001	Bracaland	8° grado
2003	Il Parco Biologico di Gaia e il Centro Multimediale di Espinho	7° anno
2004	A Herdade das Parchanas	8° grado
2008	Visita di studio all'Instituto Superior de Agronomia o al Giardino Botanico di Lisbona (Tapada de Ajuda).	CEF
2009	Fiera annuale del giardino all'Expo	CEF
2010	Passeggiata nel parco Baixa da Banheira	CEF
2010	Visita alla Mata da Machada e al Museo dei Marines	CEF
2010	COMPETENZE EUROPEE Lisbona 2010	CEF
2010	Visita di studio ad Amarsul nel campo del riciclaggio dei materiali	CEF
2010	Al parco Badoca	CEF
2011	Giardino Botanico e Museo di Storia Naturale	CEF
2011	Visita al Parco Catarina Eufémia	CEF
2013	All'Oceanario di Lisbona	9° grado
2014	Saline di Samouco	Club
2014	Il Centro di Scienze Viventi Alviela	9° grado
2014	Saline di Samouco	Club
2014	Parco biologico di Gaia	Club

Altre attività:

- Partecipazione all'organizzazione della Fiera dei Minerali:

- Maggio 2003

- 2,3,4 e 5 dicembre 2003

- Ottobre 2011

- Cooperazione nelle aree scolastiche e di progetto, dove ho fatto provare agli studenti uno spettacolo teatrale "Renovar é reciclar" e ho partecipato alla produzione di carta riciclata nel 2000.

- Organizzazione delle attività per la settimana culturale del 2000.

- Organizzazione di un'attività di astronomia in collaborazione con il gruppo di materie e il collega responsabile del club di astronomia. Un planetario mobile è arrivato a scuola. Questa attività era stata preparata per le classi di seconda e terza media, ma alla fine è stata estesa a tutti i "curiosi" che hanno mostrato interesse a partecipare.

- Collaborazione e partecipazione all'organizzazione del weekend di astronomia, intitolato "Viaggio nelle stelle", tenutosi il 30 e 31 maggio presso la Escola EB 2,3 Joao de Meira. L'attività consisteva in lezioni, giochi, osservazioni astronomiche del cielo (costellazioni, pianeti, ammassi) e dibattiti a cui hanno partecipato anche genitori e accompagnatori. Le lezioni sono state tenute dal dottor Pedro Neves dell'ANOA e dal dottor Carlos Oliveira dell'Università del Texas.

- Collaborazione all'attività di laboratorio "Scienze naturali per i curiosi" e "Fisica e chimica in azione", tenutasi il 20 giugno 2003. Il gruppo di Scienze Naturali, in collaborazione con il gruppo di Fisica e Chimica, ha organizzato un'attività di laboratorio con una serie di esperimenti.

- Coordinamento dei progetti e dei club del dipartimento dal 2013.

- Promozione di attività di collegamento con la vita per le classi del CEF Gardening, per un periodo di cinque anni scolastici (Allegato 4).

3. Registrazione dell'attività professionale

Ho conseguito la laurea in Biologia e Geologia (tramite l'insegnamento) presso l'Università di Tràs-Os-Montes e Alto Douro, con un tirocinio integrato di insegnamento presso la Scuola secondaria Miguel Torga di Bragança. Per 18 anni ho insegnato nei livelli scolastici descritti nella Tabella 6.

Tabella 6 - Percorso di carriera

Anno scolastico	Scuola	Soggetti	Livelli
1996/97	Scuola secondaria Miguel Torga - Bragança	Scienze della Terra e della Vita	10° grado
		Scienze naturali	8° grado
1997/98	Liceale esterno della Torre di Dona Chama-Mirandela	Scienze naturali	8° grado
		Scienze naturali	9° grado
1998/99	Scuola secondaria di Mondim de Basto	Scienze della Terra e della Vita	11° grado
		Educazione ricorrente	3° ciclo
			3° ciclo
1999/2000	Francisco Ornelas da Câmara EB 2,3 Scuola	Scienze naturali	7° grado

		- Azzorre	Scienze naturali	8° grado
2000/2001	EB 2,3 Scuola D. Afonso Henriques di Guimaraes	Scienze naturali	7° grado
		Scienze naturali	8° grado
	Istituto Superiore di Scienze dell'Educazione di Felgueiras	Biologia (istruzione superiore)	4° anno
2001/2002	EB 2,3 Joao de Meira, Guimaraes	Scienze naturali	7° grado
		Scienze naturali	8° grado
2002/2003	EB 2,3 Joao de Meira, Guimaraes	Scienze naturali	7° grado
	Istituto Superiore di Scienze dell'Educazione di Felgueiras	Scienze naturali Biologia (istruzione superiore) Didattica delle scienze naturali I (istruzione superiore)	8° grado 4° anno 3° anno
2003/2004	EB 2,3 D. Martinho Vaz de Castelo Branco, a Póvoa de Santa Iria	Scienze naturali	7° grado
		Scienze naturali	8° grado
2004/2005	Scuola secondaria Pinhal Novo- Palmela	Giardinaggio CEF,	livello II
2005/2006	Scuola secondaria Pinhal Novo- Palmela	Scienze naturali	8° grado
		Scienze naturali	9° grado
2006/2007	Àlvaro Velho EB 2,3 Scuola	Scienze naturali	8° grado
		Scienze naturali	9° grado
2007/2008	Àlvaro Velho EB 2,3 Scuola	Scienze naturali	7° grado
		Scienze naturali	9° grado
2008/2009	Àlvaro Velho EB 2,3 Scuola	Scienze naturali CEF Giardinaggio	8° grado livello II
2009/2010	Àlvaro Velho EB 2,3 Scuola	Scienze naturali CEF Giardinaggio	7° grado livello II
2010/2011	Àlvaro Velho EB 2,3 Scuola	Scienze naturali CEF Giardinaggio	8° grado livello II
2011/2012	Àlvaro Velho EB 2,3 Scuola	Scienze naturali CEF Giardinaggio	7° grado livello II
2012/2013	Àlvaro Velho EB 2,3 Scuola	Scienze naturali	8° grado
2013/2014	Àlvaro Velho EB 2,3 Scuola	Scienze naturali	9° grado

L'aver girato una grande varietà di scuole mi ha permesso di conoscere realtà "diverse" e mi ha insegnato a gestire i rapidi cambiamenti e l'adattabilità. Tuttavia, credo che la continuità nella stessa scuola sia molto più vantaggiosa sia per gli alunni che per l'insegnante.

Nella mia carriera ho acquisito un'enorme esperienza nella varietà di livelli in cui ho insegnato, tra cui il terzo ciclo, la secondaria, l'insegnamento ricorrente (serale) in unità capitalizzabili e anche due anni di istruzione superiore, non consecutivi. Con la creazione del club "Amici della Natura", ho avuto l'opportunità di lavorare con il 1° e il 2° ciclo.

Esperienze diverse, tutte vissute con grande responsabilità e preoccupazione per la loro realizzazione. Nel corso della mia carriera professionale ho sempre cercato di adempiere a tutti i compiti e alle posizioni (Tabella 7) a me inerenti, di cui rifletto brevemente sulle mie prestazioni.

Tabella 7 - Posizioni ricoperte

Anno scolastico	Posizione
1997/1998	
2003/2004	
2007/2008	Gestione della classe
2012/2013	
2013/2014	
2007/2008	Gestione delle strutture - Laboratori scientifici Naturale
2013/2014	mento di club e progetti nel dipartimento di Scienze sperimentali.
2012/2013	Rappresentante del gruppo
2013/2014	
1999/2000	Coordinamento dei dipartimenti

Coordinatore del dipartimento

Come coordinatore, ho partecipato alle riunioni del Consiglio pedagogico ogni volta che mi è stato chiesto, svolgendo i compiti assegnatimi nel tempo previsto. Ho contribuito con il mio lavoro, le mie idee e le mie opinioni alla riflessione e alla risoluzione dei problemi educativi. Ho tenuto riunioni di dipartimento in cui ho trasmesso le informazioni del Consiglio pedagogico ai miei colleghi. Ho cercato di contribuire allo sviluppo di buone relazioni all'interno del mio gruppo di lavoro e ho partecipato attivamente alla risoluzione di eventuali problemi.

Direttore di classe

Come dirigente scolastico, ho sempre cercato di risolvere i conflitti e di mantenere le condizioni di organizzazione con l'intera comunità scolastica.

Per fare questo, mi baso su un rapporto di fiducia e di rispetto reciproco, portando gli studenti a riflettere sulle proprie azioni, cercando di mantenere l'ordine e il buon senso, sempre basandomi sul dialogo, sia all'interno che all'esterno della classe.

Ho sempre cercato di far sentire gli studenti aperti al dialogo, ascoltando tutte le giustificazioni per le diverse situazioni che si presentavano, consigliando sempre un modo appropriato per risolverle.

Ho mantenuto i contatti con i genitori e i tutori in diverse occasioni, informandoli sempre dei progressi dei loro figli a scuola, accogliendoli nelle mie ore di ufficio e al di fuori di esse, organizzando riunioni dopo il lavoro ogni volta che lo ritenevo necessario. Ho cercato di tenerli adeguatamente informati sul rendimento, sul comportamento e sulla frequenza degli studenti.

Ho sempre tenuto organizzato e aggiornato il *fascicolo di* gestione della classe e ho registrato le assenze giustificate e ingiustificate, tenendo sempre informati i genitori e i tutori.

Promuovo il monitoraggio individualizzato degli studenti, diffondendo le informazioni necessarie ai docenti di classe per fornire un adeguato orientamento didattico agli studenti e favorendo la partecipazione dei genitori e dei tutori alla realizzazione delle azioni di orientamento e monitoraggio.

In qualità di direttore di classe, ho organizzato i progetti curricolari della classe. Ho avvertito una maggiore responsabilità in quanto, più che mai, ho sentito che mi si chiedeva di assumere un ruolo guida nell'analisi delle condizioni necessarie per ricostruire, differenziare e adattare il curricolo; nell'organizzazione di attività/progetti per l'intera classe e nella discussione e informazione sui principi metodologici e di valutazione. Così, nei Progetti curricolari di classe e nel Consiglio di classe, pianifichiamo e spieghiamo le linee guida da adottare per il lavoro da svolgere nelle aree curricolari non disciplinari, l'articolazione da realizzare tra le diverse aree disciplinari, l'enfasi da dare alle competenze essenziali e, infine, i criteri e gli strumenti di valutazione.

Aggiungo che ho sempre cercato di partecipare ai progetti dell'Area Escola/Project Area, finché sono esistiti, sviluppati dagli studenti delle diverse classi.

Rappresentante del gruppo disciplinare

In qualità di rappresentante del gruppo di lavoro, ho convocato riunioni in cui ho trasmesso ai miei colleghi informazioni rilevanti per il gruppo di lavoro. Ho mantenuto buoni rapporti all'interno del mio gruppo di lavoro, condividendo materiali e scambiando esperienze. Ho organizzato tutti i compiti necessari per sostenere l'esame di equivalenza della materia.

Quando possibile, ho aggiornato il *dossier* soggetto con i piani e gli orari.

Ho incontrato i rappresentanti delle diverse case editrici e, insieme al gruppo, ho analizzato e scelto i libri di testo da adottare.

Relazione pedagogica con gli studenti

Ritengo di aver sempre instaurato un buon rapporto e una buona relazione pedagogica con i miei studenti, poiché ho creato un clima favorevole allo sviluppo dell'apprendimento, del benessere e dello sviluppo affettivo, emotivo e sociale degli studenti. Ho stabilito regole di partecipazione e comunicazione in classe, promuovendo la partecipazione di tutti e l'integrazione degli studenti con difficoltà. Ero sempre disponibile ad aiutare e sostenere gli studenti. Ho adottato misure adeguate per mantenere la disciplina in classe, promuovendo un clima favorevole all'apprendimento dei miei studenti. Ho instaurato un buon clima in classe, favorevole allo sviluppo di strategie di insegnamento/apprendimento pianificate. Ho rafforzato l'apprendimento, gli atteggiamenti e le routine o ho corretto alcuni errori e comportamenti quando necessario. Ho usato l'empatia e il rinforzo positivo per aumentare le aspettative degli studenti con maggiori difficoltà e migliorare la loro autostima.

Sono stata attenta alle difficoltà dei miei studenti e mi sono dimostrata disponibile alle loro richieste, quando ci sono, sia dentro che fuori la classe. Ho cercato di avvicinarmi agli studenti per instaurare un rapporto aperto e sincero, perché credo che questo possa giovare non solo al rapporto insegnante-studente, ma anche all'integrazione scolastica e al processo di insegnamento-apprendimento. Questo approccio ha avuto il vantaggio di permettermi di individuare meglio i bisogni, gli interessi, le attitudini e le vocazioni degli studenti, in modo da poterli comprendere e aiutare meglio.

Ho promosso la socializzazione degli studenti e ho fornito un supporto tutoriale per prevenire l'abbandono scolastico. Nel caso di studenti che ritenevo possibili abbandoni, ho informato il Dirigente Scolastico e ho collaborato con il Consiglio di Classe nella definizione di strategie d'azione che hanno portato alla risoluzione delle varie situazioni.

Nelle classi del CEF di Giardinaggio, in collaborazione con il Consiglio di Classe, ho promosso la socializzazione di questi studenti e la realizzazione di attività di collegamento con la vita lavorativa, che hanno permesso loro di superare alcune difficoltà emotive.

Ritengo di essermi sempre preoccupata degli studenti con bisogni educativi speciali (SEN), collaborando con il consiglio di classe e l'équipe di sostegno educativo nella definizione e nell'attuazione di strategie d'azione comuni e/o di adattamenti curricolari per questi studenti, al fine di adattare le strategie didattiche. Per quanto riguarda la valutazione, ho svolto schede di lavoro e compiti individualizzati.

"L'apprendimento della professione di insegnante è un processo complesso che si svolge durante tutto il... "

(Carreiro da Costa, Carvalho, Onofre, Diniz & Pestana, 1996)

4. Formazione professionale

L'aggiornamento delle conoscenze nell'insegnamento è essenziale perché il mondo è in continua evoluzione e richiede capacità di adattamento e padronanza delle nuove tecnologie, che possono essere acquisite solo con il tempo dedicato alla ricerca e alla formazione.

La formazione continua è un insieme di caratteristiche che promuove lo sviluppo professionale degli insegnanti e lo sviluppo dell'organizzazione scolastica. Da quando ho iniziato la mia carriera, diciotto anni fa, ho sempre considerato la formazione essenziale. L'apprendimento e l'aggiornamento delle conoscenze sono molto importanti perché la scienza è in continuo progresso. Trovo inoltre molto produttivo lo scambio di esperienze e la condivisione di conoscenze con il gruppo di professionisti con cui si condivide la formazione. Ho cercato di tenermi aggiornata in termini di conoscenze scientifiche, pedagogiche e didattiche per migliorare le mie pratiche educative e ottimizzare l'insegnamento a scuola. La mia formazione è stata quindi organizzata in 3 aree specifiche: 1) scientifica, 2) pedagogica e 3) delle tecnologie dell'informazione e della comunicazione.

Area scientifica

(1) Partecipazione al "**XVII Corso di aggiornamento per insegnanti di geoscienze**", organizzato dall'Associazione portoghese dei geologi, che si è svolto a Bragança dal 16 al 18 aprile 1997 (allegato 5).

(2) Partecipazione al seminario "**Educazione alla salute nell'ambiente scolastico**" organizzato dal Centro sanitario di Praia da Vitória dal 22 al 25 febbraio 2000, 24 ore (allegato 6).

(3) Partecipazione alla conferenza dal titolo "**Influenze dei fattori genetici sulla storia naturale del cancro**", tenuta dal professor Manuel Diamantino Bicho, presso l'UTAD, il 13 novembre 2000, a Vila Real (Allegato 7).

(4) Partecipazione al **Mini-Forum Ciência Viva 2000**, che si è svolto presso l'UTAD il 24 novembre, nell'ambito della II Quinzaine Scientifique et Technique dell'UTAD (Allegato 8).

(5) Partecipazione alla sessione di formazione su "**Educazione sessuale**", tenuta dal Dr. Constantino Santos, il 22 marzo 2002, presso la Escola EB 2,3 Joao de Meira (Allegato 9).

(6) Sessione di formazione: "**Il compostaggio nelle scuole**", **organizzata** dall'Associazione Valle dell'Ave nell'ambito di una campagna di sensibilizzazione sul processo di compostaggio, presso il Municipio di Guimaraes il 14 maggio 2003 (Appendice 10).

(7) Partecipazione alla sessione di formazione: "**Educazione ambientale. Visioni globali trasversali - verso una strategia di intervento**", che ha coinciso con il primo incontro globale sull'educazione ambientale (FWEEC), svoltosi il 21, 22, 23 e 34 maggio 2003 presso il Centro Multimeios de Espinho, organizzato dal Centro di Formazione dell'Ordine dei Biologi, 25 ore (Allegato 11).

(8) Partecipazione all'incontro tematico: "**Biotecnologie e società**", **svoltosi** il 10 dicembre 2003 nell'auditorium dell'INETI di Lisbona. È stato supervisionato dal professor Pedro Fevereiro (Allegato 12).

(9) Partecipazione al corso di formazione: "**L'insegnamento sperimentale delle scienze - Nuove pratiche nella scuola primaria - Terra in trasformazione**", tenuto dalla dott.ssa Paula Peralta e dal dott. Luis Dourado, che si è svolto dal 18 aprile 2006 al 25 maggio 2006, per una durata di 25 ore (Allegato 13).

(10) Partecipazione al corso di formazione: "**Educazione sessuale in adolescenza**", **svoltosi** dal

21 novembre al 10 dicembre 2008 e della durata di 30 ore, tenuto dal formatore Dr. Màrio Durval (Allegato 14).

(11) Corso di formazione: **"Agricoltura biologica e compostaggio a scuola"**, con la formatrice Raquel Sousa, della durata di 25 ore, svoltosi dall'11 febbraio al 7 maggio 2011 presso la scuola primaria Alvaro Velho 2,3 (Allegato 15).

(12) Partecipazione al seminario di formazione: **"Educazione sessuale nelle scuole - Metodologie e interventi"** tenuto dal dott. Màrio Durval, della durata di 50 ore e svoltosi dal 20 settembre al 15 novembre 2011 presso la Scuola di base Alvaro Velho 2,3 (Allegato 16).

(13) Partecipazione al corso di formazione di 25 ore **"Introduzione all'identificazione degli uccelli"**, tenuto da Nuno Barros e Alexandra Lopes della SPEA, che si è svolto il 10, 11, 17, 18 e 24 maggio 2013 (allegato 17).

(14) Partecipazione al seminario **"Agenti di educazione ambientale, contributi alla partecipazione e alla cittadinanza"**, che si è svolto il 9 maggio 2014 nell'auditorium della scuola secondaria Rainha Dona Leonor di Lisbona. Non accreditato (Allegato 18).

(15) Partecipazione a un'escursione sul tema **"L'importanza ecologica degli estuari: l'estuario del Tago"**, il 31 maggio 2014, con il professor Henrique Cabral (allegato 19).

Area didattica

(1) Incontro di formazione sul tema: "Lo **stress nella professione di insegnante"**, tenutosi il 23 aprile 1999 presso il Seminario Vilar di Porto (Allegato 20).

(2) Corso di formazione **"Didattica delle scienze pratiche e prospettive contemporanee per l'educazione scientifica"**, svoltosi dal 6 al 10 settembre 1999 (30 ore), presso la Escola E,B.3/Secundària Vitorino Nemésio (Allegato 21).

(3) Partecipazione alle 1° Giornate Pedagogiche del Centro di Formazione dell'Associazione delle Scuole di Chaves e Boticas Giornate pedagogiche del Centro di formazione dell'Associazione delle scuole di Chaves e Boticas sul tema: **"Attraverso la formazione, (ri)costruire la professione"**, che si sono svolte il 12 e 13 settembre 2000 presso l'Hotel Aquae Flavie (allegato 22).

(4) Partecipazione al **"III Encontro Regional de Educaçâo"**, che si è svolto nell'Auditorium del Campus di Guimaraes dell'Università del Minho il 26 febbraio 2003, organizzato da Ediçoes Asa (Allegato 23).

(5) Seminario su **"Gestione del curriculum: valutazione e riformulazione"**, tenutosi il 27 febbraio 2003, sotto la guida di Maria Vasconcelos, presso la Escola EB 2,3 Joao de Meira

(Allegato 24).

(6) Sessione di formazione: **"La B C delle emozioni"**, tenutasi il 28 e 29 marzo e il 2 e 3 aprile 2003, presso l'Universidade Portucalense Infante D. Henrique - Porto, tenuta dal formatore Ivete Azevedo, 25 ore (Allegato 25).

(7) Corso di formazione: **"Mettiti in voce e... Parlare"**, condotto dal dottor Eduardo Magalhaes, della durata di 25 ore, che si è svolto il 12, 17, 19, 24, 26 e 31 marzo; il 2, 7, 9, 28 e 30 aprile e il 5 e 7 maggio, presso la Scuola secondaria Martins Sarmento (allegato 26).

(8) Meeting sull'educazione; **"Essere insegnanti è..."**, tenutosi all'Hotel Porto Palàcio, il 27 maggio 2003, a Porto, organizzato da Constância Editora (Allegato 27).

(9) Seminario: **"Selezione, reclutamento e mobilità degli insegnanti; concorsi 2004 - nuovo regime giuridico"**, organizzato dalla FEPECI - Federazione portoghese dei professionisti dell'istruzione, dell'insegnamento, della cultura e della ricerca, che si è svolto il 9 gennaio 2004 nell'auditorium dell'Istituto franco-portoghese di Lisbona (allegato 28).

(10) Seminario organizzato dal pro-ordine sul tema: **"Insegnare... non solo parlare - esercizi pratici, consigli e strategie"**, tenutosi il 13 febbraio 2004 nell'auditorium della scuola elementare 1, 2, 3 Vasco da Gama (allegato 29).

(11) Sessione di formazione: **"Area di progetto - Spazio privilegiato per lo sviluppo delle competenze"**, organizzata dal centro di formazione dell'associazione scolastica Vila Franca de Xira, a cura del dott. Jorge Lemos, presso la scuola EB 2,3 D.Martinho Vaz di Castelo Branco. Si è svolto tra febbraio e maggio 2004 e corrisponde a un credito di 25 ore (allegato 30).

(12) Presentazione dei libri di testo per la materia Scienze naturali, tenutasi il 9 maggio 2006 presso il Novotel di Setúbal (Allegato 31).

(13) Riunione di formazione sul tema: **"Contributi a una pratica pedagogica differenziata - 8° grado"**, tenutasi il 19 maggio 2007 presso il Novotel di Setúbal (Allegato 32)

(14) Sessione di formazione: **"L'orientamento lungo tutto l'arco della vita"**, il 25 maggio 2011, organizzata dall'ANQ, l'Agenzia nazionale di orientamento, e dall'Istituto di orientamento professionale di Lisbona (allegato 33).

(15) Incontro formativo sul tema: **"Encontros da Porto Editora"**, tenutosi il 15 marzo 2008 presso il Novotel di Setúbal (Allegato 34).

(16) Encontros pedagógicos Areal Editores: **"Modi di utilizzo del testo scolastico nelle pratiche didattiche e loro articolazione con i programmi attuali"**, tenutosi il 3 aprile 2008 presso il Novotel di Setúbal (Allegato 35).

(17) Incontro formativo sul tema **"I nostri libri"**, tenutosi il 22 aprile 2008 presso il Novotel di Setúbal (Allegato 36).

(18) **Presentazione di nuovi progetti**, presentazione dei libri di testo di Porto Editora, il 13 maggio 2014, a Setúbal (Allegato 37).

(19) Workshop di formazione di 50 ore **"Apprendimento attivo: nuove metodologie per l'insegnamento della conservazione della biodiversità"**, accreditato con 2,4 crediti, a cura della formatrice prof.ssa Maria Amélia Louçao, presso il Giardino Botanico di Lisbona (Allegato 38).

Area Tecnologie dell'informazione e della comunicazione

(1) Una sessione di formazione su **"Comunicazione, nuove tecnologie e apprendimento"**, svoltasi il 22 e 23 maggio 1997 presso la Scuola di Educazione di Bragança (Allegato 39).

(2) Un corso di formazione intitolato **"Windows per principianti"** si è svolto dal 2 al 31 maggio 2002 presso la Scuola secondaria Martins Sarmento, per una durata di 25 ore (Allegato 40).

(3) Corso di formazione: **"Il computer a scuola"**, tenuto dal dottor Luis Dourado, che si è svolto dal 14 febbraio 2005 al 2 maggio, per una durata di 50 ore (Allegato 41).

(4) Sessione di formazione: **"L'uso delle tecnologie dell'informazione e della comunicazione (TIC) nei processi di insegnamento/apprendimento"**, tenuta dal dottor Jorge Bico, dall'11 ottobre 2007 al 6 dicembre 2007, per una durata di 25 ore (Allegato 42).

(5) Workshop di formazione: **"Courselab, uno strumento per la creazione di contenuti"**, della durata di 2 ore, promosso nell'ambito del Piano TIC del Gruppo scolastico Alvaro Velho, il 19 novembre 2008 (Allegato 43).

(6) Corso di formazione: **"Lavagne interattive multimediali nell'insegnamento/apprendimento delle scienze sperimentali"**, della durata di 15 ore, tenuto dal formatore Carlos Cunha (Allegato 44).

Conclusione

Gli argomenti trattati in questa relazione ci hanno permesso di ampliare le nostre conoscenze ed esperienze professionali e personali e di coinvolgere l'intera comunità educativa della scuola primaria Alvaro Velho 2,3 nel tema del progetto educativo della scuola: "Cittadinanza e sviluppo sostenibile, pensare globale, agire locale", utilizzando l'estuario del Tago come motto.

C'è stato un grande coinvolgimento degli studenti nei progetti e nel rapporto pedagogico con gli insegnanti delle varie materie, che ha permesso di sensibilizzare e modificare i loro atteggiamenti, preparandoli al loro ruolo nel futuro. L'intera comunità scolastica ha collaborato alle attività quando necessario.

La scuola dovrà aprirsi alle famiglie e alla comunità locale in modo diverso ed essere vista come un agente attivo di cambiamento nell'educazione ambientale e non solo come un trasmettitore passivo di informazioni e valori.

Partecipando ai progetti, gli studenti hanno compreso l'importanza di preservare le specie (l'estinzione è per sempre), hanno installato nidi e mangiatoie per i passeriformi nel cortile della scuola, hanno effettuato birdwatching con il binocolo. Hanno partecipato a diverse escursioni sul campo, una delle quali ha comportato la realizzazione di un cortometraggio che ha vinto un premio nazionale dell'ASPEA, hanno ricevuto formazione da organizzazioni esterne come CMB, SPEA, AREB e hanno stabilito scambi con scuole primarie e secondarie. Attraverso tutto questo, hanno imparato che: **"È nostro dovere salvaguardare il nostro patrimonio"**.

L'educazione allo sviluppo sostenibile deve essere una realtà concreta per tutti noi, individui, organizzazioni, governi, in tutte le nostre decisioni e azioni quotidiane, per lasciare in eredità un pianeta sostenibile e un mondo più sicuro *(Jorge Werthein,* rappresentante dell'UNESCO in Brasile). Lo "sviluppo sostenibile" è uno sviluppo che soddisfa i bisogni attuali senza compromettere la capacità delle generazioni future di soddisfare i propri (secondo la Commissione Brundtland).

In Portogallo esistono due documenti di riferimento obbligatori: la Strategia Nazionale di Sviluppo Sostenibile (NSDS) e la Proposta di un Sistema di Indicatori di Sviluppo Sostenibile approvata dal Consiglio dei Ministri il 28 dicembre 2006. Il primo documento delinea le aree strategiche verso la sostenibilità, gli obiettivi e gli strumenti settoriali disponibili, concentrandosi già su una serie di indicatori (ambientali, economici, sociali e istituzionali). Il secondo concretizza gli indicatori da utilizzare, le fonti di informazione e la metodologia di calcolo, stabilisce un ponte con i principi enunciati nell'Agenda 21 e, infine, illustra la situazione del Paese.

In sintesi, la Strategia nazionale di sviluppo sostenibile per il periodo 2005-2015 ha i seguenti obiettivi: avvicinare lo sviluppo economico del Portogallo alla media europea, migliorare la posizione del Paese nell'Indice di sviluppo umano e ridurre il deficit ecologico del 10%. Questi obiettivi vengono raggiunti attraverso politiche e misure dello Stato (a livello centrale e locale), delle imprese e dei cittadini.

La strategia per far sì che la tecnologia ci porti una migliore qualità di vita con il minor impatto ambientale possibile si basa su una maggiore democratizzazione dell'informazione, sull'educazione all'uso delle risorse naturali, sul rispetto dei diritti dei cittadini e sulla giustizia sociale, portando la società a partecipare alla produzione nel quadro dello sviluppo sostenibile.

Bibliografia

Administraçao da Regiao Hidrografica do Tejo & Gabinete de Ordenamento do Territòrio, I. P. (2009) O Plano de Oredenamento do Estuàrio do Tejo, Saberes e reflexoes, 1ª edizione, ARH do Tejo, I.P.

Azevedo, R. (2001) Montijo e o Rio-100 anos de uma relação, Câmara Municipal do Montijo.

Chitas, P. & Branco, J. (2012) Guia dos rios e barragens, Tagus River, Belver Dam, Ediçao Visao.

Camarao, A., Sardinha, A. & Silva, J. (2008) A Fàbrica- 100 anos da CUF no Barreiro, Editorial Bizâncio

Canelas, V. (1999) Patrimònio Natural do Concelho de Palmela, Câmara Municipal de Palmela.

Cardoso, M. (2013) O Tejo-virtuosismo das suas águas e gentes, Edizione dell'autore.

Commissione di coordinamento della Regione di Lisbona e della Valle del Tago. (1998) Nos caminhos do sal - Itinerari turistici e culturali della Regione di Lisbona e della Valle del Tago.

Dias, A. & Marques, J. (1999) Estuari. L'estuario del Tago: il suo valore e un po' della sua storia, Alcochete: Reserva Natural do Estuàrio do Tejo.

Divisione Cultura, Patrimonio storico e Musei (2012) Vie del lavoro e dell'industria - Contesti storici, Barreiro, Comune di Barreiro.

Farinha, J. (2000), Itinerari e habitat del Portogallo, ICN, Assirio e Alvim.

Ferrao, J. (2004) Área Metropolitana de Lisboa, Gentes, Paisagens e Lugares, Norprint.

Fonseca, C. (1998) Rotas do Tejo, A Regiao de Lisboa e Vale do Tejo, Past, Present and Future, Comissao de Coordenaçao da Regiao de Lisboa e Vale do Tejo.

INQUIRE (2011) Manuale per insegnanti ed educatori del corso pilota, INQUIRE, Lisbona, Portogallo.

Lima, M. (1997) Terras de Laurus-Encontros com o Patrimònio Natural e Ambiental do Concelho do Seixal, Câmara Municipal do Seixal, Plàtano Editora

Lima, M. (1997) A Reserva Ecològica Nacional do Concelho do Seixal-Contributos para a sua descriçao e divulgação, Câmara Municipal do Seixal.

Lima, M. (1997) Peixes e pescarias no concelho do seixal, Estuàrio do Tejo, Câmara Municipal do Seixal, Ecomuseu.

Luzia, Â, (1994) Lavradio e as suas gentes, Gràfica Lavradiense, Junta de Freguesia do Lavradio.

Morgado, F., Pinho, R. & Leao, F. (2000) Para um ensino interdisciplinar e experimental da Educaçao Ambiental, Plàtano Ediçoes técnicas.

Neves, F. (2010) *Dynamics and Hydrology of Tagus Estuary: Results from in Situ Onbservations,* Università di Lisbona, Facoltà di Scienze.

Oliveira L. (2001) Educaçao Ambiental- Guia pràtica para professores, monitores e animadores culturais e de tempos livres. Texto Editora

Pais, A. (1971) O Barreiro Contemporâneo-A grande e progressiva vila industrial, III volume e Miscelânea (factos e figuras do Barreiro de várias épocas), Ediçao da Câmara Municipal do Barreiro.

Ribeiro, L. (2012) Histórias do Tejo, A esfera dos livros.

Saraiva, J. (2005) *As ruas do Lavradio-suas gentes e memórias,* volume 1, Junta de ferguseia do Lavradio.

Soares, B. & Leite, P. (2001) *Area Metropolitana de Lisboa, Anos de Mudança,* Area Metropoloitana de Lisboa.

Uzzel, D., Fontes, P., Jensen, B., Vognesen, C., Uhrenholdt, G., Gottesdiener, H., Davallon, J. & Kofoed, J. (1998) *Children as agents of environmental change*, Campo das Letras.

Altri riferimenti biblici:

Flick, Lawrence, The meaning of hands-on science, Washington State University, Journal of science teacher education, volume 4, pag. 1-8, inverno 1993.

Tal, T. (2004), Using a field trip to a wetland as a guide for conceptual understanding in environmental education - a case study of a pre-service teacher's research. Ricerca e pratica sull'educazione chimica, vol. 5, n. 2: pagg. 127-142.

http://lugaresdoseixal.blogspot.pt/, accesso 23 agosto

http://www.fcsh.unl.pt/estuarios/teses/tm01.pdf, accesso 05 agosto 2014

http://www.mohanmunasinghe.com/, accesso 05 agosto 2014

http://www.omilitante.pcp.pt/pt/286/Economia/25/,24, accesso 24 agosto

http://www.evoa.pt/index.php?lang=PT, accesso 26 agosto

https://www.visitportugal.com/en/content/evoa, accesso 23 agosto http://www.fibonacci-project.eu/, accesso 7 settembre 2014

http://www.sails-project.eu/portal/project, accesso 7 settembre 2014

http://www.fpce.up.pt/ciie/revistaesc/ESC21/21-8.pdf, accesso 24 settembre 2014

http://emaberto.inep.gov.br/index.php/emaberto/article/viewFile/761/682, accesso 24 settembre

http://www. academia. edu/2924376/A_educa%C3 %A7%C3%A3o_ambiental_na_forma%C3 %A7%C3%A3o_academica_de_professores, accesso 17 novembre.

Allegati